中国风景名胜区游览手册⑦

江西省

中国风景名胜区协会　编著

中国建筑工业出版社

本册编委会

中国风景名胜区协会联系地址：

北京市三里河路13号中国建筑文化中心C座8002室(100037)

北京市海淀区首体南路9号主语国际7号楼7层(100048)

电　　话：010-58934125/88082759/68790496

传　　真：010-58934125/88082759/68790496

电子邮箱：china_fjms@163.net

序　言

中国山河壮丽、景观奇特、历史悠久、文化灿烂，具有丰富的风景名胜资源，这是大自然和前人留给我们的宝贵遗产。正如温家宝总理所指出的“风景名胜区集中了大量的自然和文化遗产，是自然史和文化史的天然博物馆”。国务院2006年颁布的《风景名胜区条例》中，明确指出风景名胜区是“具有观赏、文化或者科学价值，自然景观、人文景观比较集中，环境优美，可供人们游览或者进行科学、文化活动的区域”。自1982年以来，国务院先后七次公布了208个国家级风景名胜区，各省、自治区、直辖市也设立了701个省级风景名胜区，我国风景名胜区的总数已经达到909个；其中有30处国家级风景名胜区被联合国教科文组织世界遗产委员会列入《世界遗产名录》。风景名胜区吸引着大量中外游客络绎前往，其自然与历史、人文资源越来越被社会所关注。

切实保护和合理利用风景名胜资源，对于改善生态环境，发展旅游业，弘扬民族文化，激发爱国热情，丰富人民群众的文化生活具有重要的意义。中国风景名胜区协会组织编著这套《中国风景名胜区游览手册》工具书，对于保护、宣传、推广和展示风景名胜资源，必将起到十分积极的推动作用。

住房和城乡建设部副部长　**仇保兴**

2010年8月1日

前　言

《中国风景名胜区游览手册》(后简称《游览手册》)是我国风景名胜区行业首次以整体形象和统一品牌面向广大游客出版发行的游览手册，也是我国风景名胜区行业权威、全面和实用的游览系列工具书。《游览手册》集中收录了我国国家级和部分省级风景名胜区最新的游览资讯及各类综合信息，全面反映了我国风景名胜区珍贵的风景名胜资源价值和游览服务水平，以满足日益增长的国内外游客自助旅游的需求。

《游览手册》按照地理和省区行政区划分布，整合各类风景名胜资源，将风景名胜区分为若干个区片组成分册陆续出版。《游览手册》以图片和文字形式展示了风景名胜区的自然和人文资源特征，翔实地介绍了风景名胜区的资源概况、主要景点、精品线路、门票及观光车票价格、区内交通、住宿餐饮、旅游购物、安全救助和景区游人中心情况，并为读者提供了详细的交通区位、导游图以及风景名胜区管理机构的通信方式、游览咨询点、游客投诉点、医疗服务点、电子邮箱、门户网站等相关信息。

为方便风景名胜区游客个性化游览查询，满足广大游客自助旅游的需求，《游览手册》特别增加了风景名胜区自驾车旅游服务涉及的交通站点（包括车、船、索道等）、停车场、加油站、汽车修理以及配套设施的翔实资讯；向游客推介风景区的特色观赏和体验、民族民俗展演活动及“农家乐”、家庭旅馆等；同时，简述风景区的季节和气候特点，为游客提供景区历年月气温平均值及游客穿衣提示、住宿选择；推荐特色美食和当地景区的名、优、特产品等。

《游览手册》的出版得到了各省区风景名胜区管理机构、各级建设行政主管部门以及相关单位、部门的大力支持和协助，为此，特表示由衷的谢意。

目　录

江西省

江西省
JIANGXI SHENG

江西省风景名胜区概况

物华天宝、人杰地灵的江西，山水交织、文化灿烂。悠久的文明，沧桑的历史孕育了无数的名山峻岭，奇峰幽谷，名泉飞瀑，唱尽了大自然的“奇、幽、险、美”。“世界文化景观－庐山”，“革命摇篮——井冈山”，“道教圣地——龙虎山”，“松石画廊——三清山”早已蜚声海内外，为世人所瞩目。

江西风景名胜区体系的建立始于1981年。1981年5月，江西省开展了第一次全省风景名胜区资源普查评价工作。1982年和1988年经国务院批准，先后审定庐山、井冈山、三清山和龙虎山为国家级风景名胜区。1985年，江西省人民政府公布了第一批分布45个市、县、区的200余处省级风景名胜区（点）。这标志着江西省风景名胜区体系的初步建立。1994年4月，江西省建设厅在全省开展了第二次风景名胜资源调查、评价，对风景名胜区的布局进行了调整。 1995年7月，江西省人民政府公布了24个省级风景名胜区。这标志着江西省风景名胜区二级体系的建立。

1995年，在江西省委、省政府的直接领导下，开展了庐山申报“世界遗产”工作。1996年，庐山风景名胜区成为我国唯一以世界文化景观列入《世界遗产名录》的单位；2008年，第32届世界遗产大会将三清山列入《世界遗产名录》，三清山成为中国第七个、江西第一个世界自然遗产；2010年8月2日，龙虎山与龟峰被一并列入《世界自然遗产名录》。

进入21世纪，江西风景名胜区事业迅速崛起，国家级风景名胜区由4处增加到12处，形成了以庐山世界遗产地为龙头、12个国家级风景名胜区为中心、24个省级风景名胜区为骨干、市县级风景名胜区为基础的风景名胜区体系。风景名胜区总面积达4206.69平方公里，占江西省国土面积3.1%左右，并风景名胜区已经成为展示绿色生态江西建设成果的窗口，成为海内外游客重要的旅游目的地。

江西省风景名胜区分布图

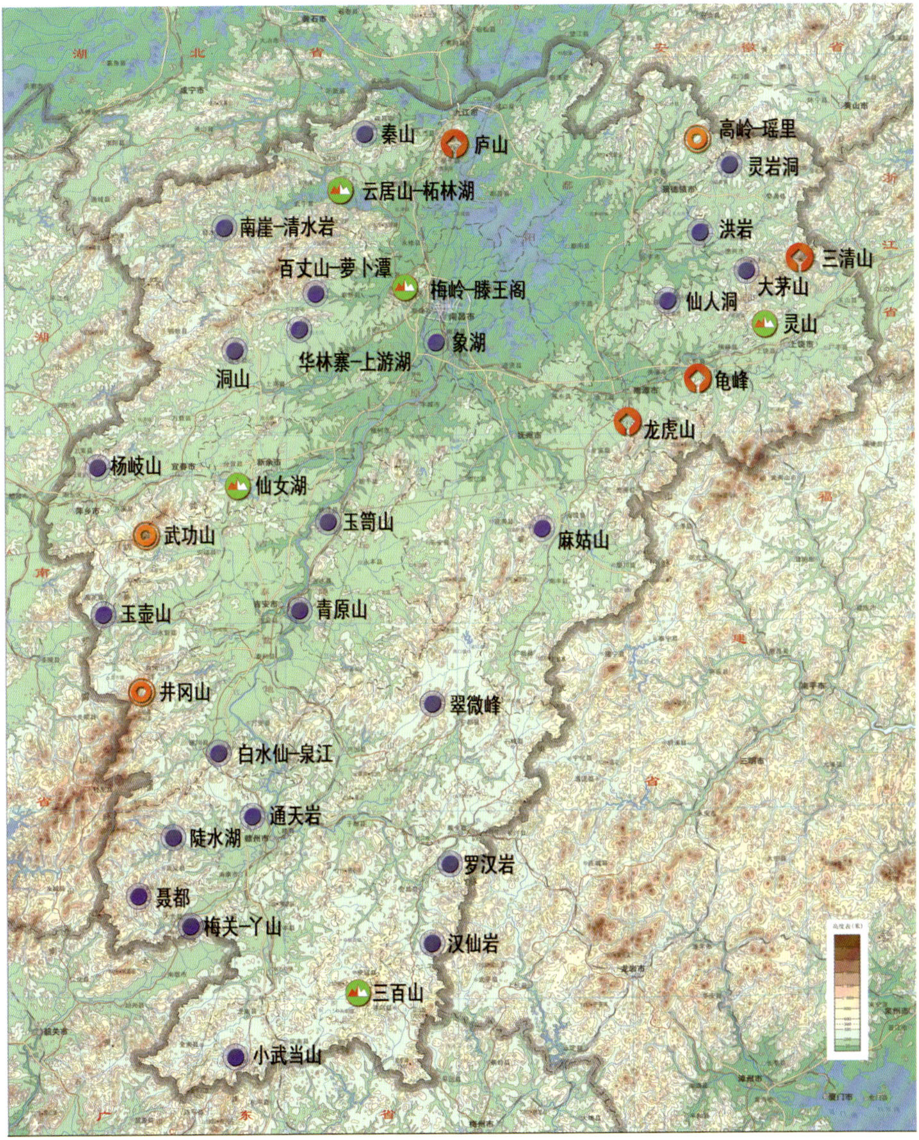

图 例

世界遗产　国家遗产　国家级风景名胜区　省级风景名胜区

江西省风景名胜区总体概况表
（2011年）

<table>
<tr><th>序号</th><th colspan="2">风景名胜区名称</th><th>面积
(km²)</th><th>列入时间</th><th>属地</th><th>备注</th></tr>
<tr><td>1</td><td colspan="2">庐　山</td><td>330.42</td><td>1982年</td><td>九江</td><td>第一批国家级风景名胜区</td></tr>
<tr><td>2</td><td colspan="2">井冈山</td><td>333</td><td>1982年</td><td>吉安</td><td>第一批国家级风景名胜区</td></tr>
<tr><td>3</td><td colspan="2">三清山</td><td>229.5</td><td>1988年</td><td>上饶</td><td>第二批国家级风景名胜区</td></tr>
<tr><td>4</td><td colspan="2">龙虎山</td><td>220</td><td>1988年</td><td>鹰潭</td><td>第二批国家级风景名胜区</td></tr>
<tr><td>5</td><td colspan="2">仙女湖</td><td>194.7</td><td>2002年</td><td>新余</td><td>第四批国家级风景名胜区</td></tr>
<tr><td>6</td><td colspan="2">龟　峰</td><td>39.3</td><td>2004年</td><td>上饶</td><td>第五批国家级风景名胜区</td></tr>
<tr><td>7</td><td colspan="2">三百山</td><td>137.6</td><td>2002年</td><td>赣州</td><td>第四批国家级风景名胜区</td></tr>
<tr><td rowspan="2">8</td><td rowspan="2">梅岭—滕王阁</td><td>梅岭景区</td><td rowspan="2">143.7</td><td rowspan="2">2004年</td><td rowspan="2">南昌</td><td rowspan="2">第五批国家级风景名胜区</td></tr>
<tr><td>滕王阁景区</td></tr>
<tr><td rowspan="3">9</td><td rowspan="3">武功山</td><td>宜春明月山景区</td><td rowspan="3">365</td><td rowspan="3">2005年</td><td>宜春</td><td rowspan="3">第六批国家级风景名胜区</td></tr>
<tr><td>萍乡片区景区</td><td>萍乡</td></tr>
<tr><td>安福片区景区</td><td>吉安</td></tr>
<tr><td>10</td><td colspan="2">云居山–柘林湖</td><td>655.2</td><td>2005年</td><td>九江</td><td>第六批国家级风景名胜区</td></tr>
<tr><td>11</td><td colspan="2">高岭–瑶里</td><td>95</td><td>2005年</td><td>景德镇</td><td>第六批国家级风景名胜区</td></tr>
<tr><td>12</td><td colspan="2">灵　山</td><td>101.5</td><td>2009年</td><td>上饶</td><td>第七批国家级风景名胜区</td></tr>
<tr><td>13</td><td colspan="2">通天岩</td><td>5.6</td><td>1995年</td><td>赣州市</td><td>省级风景名胜区</td></tr>
<tr><td>14</td><td colspan="2">罗汉岩</td><td>22</td><td>1995年</td><td>赣州市瑞金</td><td>省级风景名胜区</td></tr>
</table>

序号	风景名胜区名称	面积 (km^2)	列入时间	属地	备注
15	梅关-丫山	58.9	1995年	赣州市大余	省级风景名胜区
16	小武当	13.5	1995年	赣州市龙南	省级风景名胜区
17	聂　都	109.9	1995年	赣州市崇义	省级风景名胜区
18	玉笥山	47.5	1995年	吉安市峡江	省级风景名胜区
19	白水仙-泉江	30.66	1995年	吉安市遂川	省级风景名胜区
20	麻姑山	36	1995年	抚州市南城	省级风景名胜区
21	杨岐山	30.94	1995年	萍乡市上栗	省级风景名胜区
22	玉壶山	51.24	1995年	萍乡市莲花	省级风景名胜区
23	南崖-清水岩	50	1995年	九江市修水	省级风景名胜区
24	大茅山	154.09	2004年	上饶市德兴	省级风景名胜区
25	洞　山	80.21	2004年	宜春市宜丰	省级风景名胜区

江西省世界遗产地基本情况

序号	世界遗产地	面积（km^2）	遗产地类型	列入时间
1	庐山风景名胜区	330.42	世界文化景观	1996年
2	三清山风景名胜区	229.5	世界自然遗产	2008年
3	龙虎山风景名胜区	220	世界自然遗产	2010年
4	龟峰风景名胜区	39.3	世界自然遗产	2010年

庐山 风景名胜区

庐山位于中国中部江西省九江市南，北濒长江，东接鄱阳湖。风景名胜区总面积330.42平方公里，南北长、东西窄。全山共90多座山峰，最高峰为大汉阳峰，海拔1474米。群峰间散布有许多壑谷、岩洞、瀑布、溪涧，地形地貌复杂多样。

庐山风光以“奇、秀、险、雄”闻名于世，素有“匡庐奇秀甲天下”的美誉，现主要有12个景区、37个景点、230个景物景观。庐山早有“神仙之庐”的传说，水气缭绕的万顷江湖，使庐山夏日清凉，雨水充沛，云雾弥漫。庐山的年平均雾日多达191天，弥漫的云气为庐山平添了许多迷人秀色和神秘色彩。

庐山是一座集风景、文化、宗教、教育、政治为一体的千古名山。这里是中国山水诗的摇篮，古往今来，无数文人墨客慕名登临庐山，为其留下4000余首诗词歌赋。晋代高僧慧远（公元334～416年）在山中建立东林寺，开创了佛教中的“净土宗”，使庐山成为中国封建时代重要的宗教胜地。遗存至今的白鹿洞书院，是中国古代教育和理学的中心学府。庐山上还荟萃了各种风格迥异的建筑杰作，包括罗马式与哥特式的教堂、融合东西方艺术形式的拜占庭式建筑，以及日本式建筑和伊斯兰教清真寺等，堪称庐山风景名胜区的精华部分。

联合国教科文组织世界遗产委员会评价：江西庐山是中华文明的发祥地之一。这里的佛教和道教庙观、代表理学观念的白鹿洞书院，以其独特的方式融汇在具有突出价值的自然美之中，形成了具有极高美学价值的、与中华民族精神和文化生活紧密联系的文化景观。

管理机构：庐山风景名胜区管理局

地址：庐山风景名胜区牯岭镇慧远路2号

邮编：332900

电话：0792-8282540

http://www.china-lushan.com

庐山小天池

MAP

庐山风景名胜区导游图

交通 出行宝典 TRANSPORTATION

（一）区外交通

南昌机场：位于江西省南昌市郊区，距庐山约105公里；九江机场：位于九江县境内，距庐山约40公里；九江火车站：位于江西省九江市境内，距庐山约34公里。

游客来庐山旅游，交通极为便利，大多乘坐大巴上山。从周边飞机场、火车站到庐山仅需1.0～1.5小时。

（二）区内交通

庐山景区内交通极为便利，山上汽车道路四通八达，基本涵盖各景区。进入庐山北门小天池，就有加油站。为了让不太宽阔的环山公路畅通无阻，庐山山上，进入景点的交通统一由绿色环保车承担。

运营时间：7:00—19:00。

票价：65～220元不等。

☎：0792—8296666

景区周边加油站及汽车旅馆位置：

小天池入口中石化加油站（山上）。

南山园门通远入口加油站（下山）。

旅游服务 TRAVEL SERVICE

1．游客中心

庐山游客服务中心位于庐山小天池园门停车场，是游客进入庐山的第一站。游客服务中心建筑面积约300平方米，集自然、文化遗产资源多媒体影视展示、咨询查询、爱心服务、综合信息咨询于一体，提供景区宣传资料、导游服务，内设咨询台、影视厅、展示厅、导游服务部、爱心服务区等综合性服务场所。

2．景点门票

庐山：旺季180元/人(包括五老峰、花径、锦绣谷、仙人洞、大天池、龙首涯、三宝树、芦林湖、含鄱口、植物园等)，淡季135元/人

庐山学生票:135元/人（需携带学生证）

观音桥景区：40元/人(现役军人免费)

三叠泉：64元/人(来回缆车80元/人)

美庐：25元/人(现役军人免费)

秀峰：47元/人（来回缆车60元/人）

周瑜点将台、爱莲池：20元/人(现役军人免费)

庐山恋电影：30元/人

旅游环保车：80元/人

精品线路

上山：小天池—花径—锦绣谷—仙人洞—大天池—石门涧—三宝树—含鄱口—植物园—五老峰—三叠泉—牯岭街—东谷别墅群—西谷别墅群

下山：白鹿洞书院—观音桥—秀峰—石钟山—龙宫洞—浔阳

花径

花径为唐代大诗人白居易赏桃花的途径。

花径

大天池

大天池景区有石塔、半月台、龙首崖、九十九盘古道、石门涧等景点景区。

仙人洞

仙人洞为庐山著名景点之一。位于锦绣谷的南端，有参差如手的“佛手岩”。在佛手岩的覆盖下，一洞中开为仙人洞。洞高、深各约10米，幽深处有清泉下滴，称“一滴泉”。洞壁有“洞天玉液”等石刻题词。洞中央“纯阳殿”内置吕洞宾石像，传说八仙中的剑仙在此修道成仙。每当云雾缭绕之时，骤添几分仙气。至清朝，佛手岩成为道家的洞天福地，改称仙人洞。毛泽东同志的著名诗句“天生一个仙人洞，无限风光在险峰”使仙人洞景点名扬四海。仙人洞是来庐山的客人必游并留影之处。

含鄱口

含鄱口为一山脊，名含鄱岭，东面鄱阳湖，前面一大豁谷，左侧耸立着五老峰，右侧高耸着汉阳峰，它的奇妙为“含”，大有“千里鄱湖一岭含”之势，岭上有石坊、亭台建筑。

含鄱口

东、西谷别墅群落

庐山东、西谷别墅群落系英人李德立于1895年前后开辟，别墅群落原有近千栋，现仍有600余栋。别墅群内有教堂、名人别墅、学校、医院。

湖畔别墅

三叠泉

三叠泉在五老峰之左，源头由五老峰、大月山两股水源汇合而成，分三级奔泻而下，总落差约150米，气势磅礴。

植物园

含鄱口之北为著名的高山植物园——庐山植物园，园内设有松柏、树木、岩石、草花、杜鹃等6个园区，与世界70多个国家270个植物研究机构保持着广泛的联系。

植物园

五老峰

五老峰为庐山东南绝胜，唐代诗人李白赞其为“青天削出金芙蓉”。它峰峰相连，大有上顶苍穹，下压鄱阳湖之势。

五老峰

博物馆

庐山博物馆内有《历史名人与庐山》、《庐山第四纪地质》等展览，馆内还藏有《五百罗汉图》等珍贵文物。

三宝树

三宝树一株为银杏，两株为柳杉，树高40米左右，四人合抱，树龄约1600年。周围有黄龙寺、乌龙潭、黄龙潭等景点及丰富的摩崖石刻群。

白鹿洞书院

白鹿洞书院位于五老峰东南，山环水合，幽静清邃 ，为中国重点文物保护单位。书院“始于唐、盛于宋，沿于明清”，至今已有1000多年。白鹿洞书院现存建筑群沿贯道溪自西向东串联而筑，由书院门楼、紫阳书院、白鹿书院、延宾馆等建筑群落组成。建筑均坐北朝南，石木或砖木结构，屋顶均为人字形硬山顶，颇具清雅淡泊之气。

白鹿洞书院

特色观赏和体验 UNIQUE SCENERY & FESTIVALS

庐山的特色游览要根据天气变化而决定，例如：观日出、日落，观云，听泉，观鸟。庐山还是一个宗教圣地，有净土宗发源地的东林寺，有藏传佛教的诺那塔，有基督教、天主教教堂等，都可供参观游览。

观日出点：小天池、五老峰、含鄱口等地；观晚霞点：大月山、锦绣谷、仙人洞、大天池等地。

东林寺

庐山四季 SEASON

庐山属温带季风气候，特点是四季分明，春如翠，夏如滴，秋如醉，冬如玉。雨雾天气多，空气湿度相对大，夏日凉爽，由于森林覆盖面积大，有天然氧吧之誉，是旅游、度假、避暑之胜地。

静秋

月份	1	2	3	4	5	6	7	8	9	10	11	12
月平均降雨量（mm）	70.5	98.1	158.9	224.8	267.0	302.3	223.2	249.7	145.1	103.0	83.3	53.6
日出	6:55	6:50	6:27	5:50	5:19	5:01	5:03	5:20	5:36	5:53	6:13	6:37
日落	17:42	17:38	17:59	18:19	18:36	18:55	19:04	18:53	18:23	17:46	17:14	17:01
月平均气温（℃）	0.3	1.5	5.6	11.6	15.9	19.4	22.3	21.6	17.5	12.8	7.6	3.0
穿衣情况	羽绒服	羽绒服	厚毛衣	厚毛衣	羊毛背心	薄型套装	薄型套装	薄型套装	羊毛背心	羊毛背心	厚毛衣	羽绒服

住宿 ACCOMMODATION

庐山国脉宾馆

大月山路15号

0792–8297777

价格：880元/间

西湖宾馆

庐山大林路113号

0792–8285850

价格：600元/间

庐山别墅村宾馆

庐山脂红路19号

0792–8284298

价格：700元/间

庐山大自然国际青年旅社

庐山湖北路1号

0792–8288989

价格：280元/间

美食推荐 CUISINE

庐山有三石，皆为游人乐于品尝的地方特产。

石鸡

是蛙的一种，又名赤蛙，肉含脂肪少，糖分低，富营养，易消化，味美。

石鱼

产于石门涧一带的深潭石缝中，故名石鱼。体长仅寸许，味道香嫩可口，有滋补价值，入菜做汤均宜。

石耳

属地衣类植物，附在人迹罕至的悬崖绝壁处，体扁平，多年生，外形似木耳，故名石耳，味道鲜美，可入药，有清热解毒等功效。

购物指南 SHOPPING GUIDE

云雾茶：庐山云雾茶是中国十大名茶之一，宋代起为宫廷贡茶。它生长在庐山云雾缭绕、阳光适度的环境中。由于土壤肥沃，庐山云雾茶条索粗壮、青翠多毫、汤色鲜亮、清香持久，自1985年获国家优质产品银质奖后，2005～2007年三次连获中国国际茶叶博览会金奖。庐山露语茶叶有限公司生产的“庐山牌”云雾茶品质优良，2008年获江西旅游商品交易会十佳旅游商品称号；2009年5月，又荣获第二届“江西绿茶杯”名优茶评比金奖。产品远销全国各地及美国、日本、法国和东南亚各国。

井冈山 风景名胜区

井冈山位于江西省西南部，地处湘赣两省交界的罗霄山脉中段。东连泰和县，南邻遂川县，西靠湖南省的炎陵县和茶陵县，北接永新县，是江西省西南部的门户。井冈山山势高大，地形复杂，主要山峰海拔多在千米以上，最高峰为五指峰，海拔1597.6米。井冈山风景名胜区面积333平方公里，分为茨坪、龙潭、黄洋界、主峰、笔架山、桐木岭、湘洲、仙口、茅坪、砻市、鹅岭等11个景区，76处景点，460多个景物景观。

井冈山，是一块红色的土地；井冈山，是一个绿色的宝库。“四面重峦嶂，五溪曲水萦。红根已深植，今日正繁荣。”老一辈无产阶级革命家董必武1960年访问井冈山时对井冈山发展的评价：“井冈山——革命山——旅游山——文化山。”“物华天宝钟灵毓秀，绿色明珠流光溢彩。”井冈山以“革命摇篮”而饮誉海内外。1982年被列为首批国家重点风景名胜区，1991年被评为“中国旅游胜地四十佳”，1994年被定为全国爱国主义教育基地和国家园林城，1999年被评为首批“中国优秀旅游城市”，2006年被评为国家AAAAA级旅游景区。

厚重的历史赋予了井冈山成功的山、英雄的山的美誉；大自然的殷勤造化，赐予她奇峰绵亘、飞瀑流泉；旖旎的风光孕育她灵性的山、奇美的山。井冈山不仅是红色的，更是绿色的。这里千峰竞秀，万壑争流，苍茫林海，飞瀑流泉，融雄、险、秀、幽、奇为一体，峰峦、山石、瀑布、溶洞、温泉、珍稀动植物、高山田园风光应有尽有。既有气势磅礴的云海、奇妙独特的飞瀑、瑰丽璀璨的日出、蜚声中外的十里杜鹃长廊，又有载入史册的朱毛会师广场、享誉世界的黄洋界、灯火照亮九州的茅坪八角楼以及第四套100元人民币背面主景的井冈山主峰，更有亚热带次原始森林、稀有的珍贵树种、栖息林海的珍禽异兽，这一切使这块红土地更具魅力，令人目不暇接，流连忘返。一代文豪郭沫若畅游井冈山后，挥笔写下了“井冈山下后，万岭不思游”的慨叹。

管理机构：井冈山风景名胜区管理局
地址：吉安地区井冈山市茨坪南山路4号
邮编：343600

井冈山云海

井冈山风景名胜区导游图

MAP

交通 出行宝典 TRANSPORTATION

区外交通

井冈山风景名胜区距南昌市352公里、吉安市131公里、赣州市181公里、泰和县110公里、遂川县88公里，距湖南省省会长沙市365公里、茶陵144公里、炎陵88公里。

距茨坪80公里的井冈山机场，开通多条航线。到井冈山机场后，可乘车上泰井高速直达井冈山市(茨坪)。

一是乘京九线至吉安下，再转乘汽车，2小时可达井冈山市(茨坪)；如果有时间的话，可以在吉安住一天，吉安有文天祥纪念馆、青原古寺、白鹭书院、青原山旅游区等。二是走京九线至井冈山火车站(泰和县)下，再转乘汽车。实际上，从吉安到井冈山更近些。另外，北京、上海、广州、南京等地都已经开通了井冈山旅游专列，从这些地方出发到井冈山都很方便。

随着泰井高速公路的建成和通车，去往井冈山的交通得到很大的改善。江西省南昌、吉安、泰和等地每天都有长途汽车开往井冈山，可以通过赣粤高速、泰井高速直达井冈山市(茨坪)风景区，遂川方向也有长途汽车直达茨坪。另外，从赣州以及湖南长沙，可以分别通过遂川和宁冈等地进入井冈山。

特别提示：井冈山市至附近景点里程大致为，炎帝陵102公里、红军会师桥50公里、茅坪八角楼35公里、三湾改编旧址80公里、文天祥纪念馆115公里、井冈山火车站110公里。

旅游服务 TRAVEL SERVICE

景区开放时间：6:00—20:00

门票价格：

旺季：全价票156元/人

淡季：全价票130元/人

自选单个景点票：（1）60元/人；（2）20元/人

精品线路

吉安—井冈山—客家民俗村（竹筏漂流、沙石浴、品客家茶、尝客家菜等）—五龙潭—小井红军医院—黄洋界—革命博物馆—北山革命烈士陵园—茨坪毛泽东故居、水口琼林仙境—土特产品一条街

茨坪景区——群峦叠翠，左观美景右观史；峰回路转，下戏碧水上通天

茨坪是井冈山旅游中心所在地，海拔820多米，是一座美丽的公园式山城。茨坪中央是挹翠湖公园，绿荫如盖，湖面如镜，亭台楼阁相映成趣。茨坪是井冈山革命遗址最为集中的地方。1927年10月下旬，毛泽东同志率领中国工农革命军到达茨坪，建立第一个农村革命根据地。茨坪就是井冈山军事根据地的中心，也是整个革命根据地党、政、军领导机关和后方单位的所在地。这里的革命遗址都列为全国重点文物保护单位，并对外开放。茨坪景区主要景观有：革命博物馆、革命旧居旧址群、革命烈士纪念塔、革命烈士陵园、南山公园、挹翠湖公园、兰花坪、五马朝天崖等。

关于茨坪风景特色，学者李步云所作的《重上井冈山》中描述道：“红日高照在茨坪，当年风雷定乾坤。开国元戎垂千古，留取丹心照汗青。深山之处有茨坪，依山就势，高低错落，掩映在湖光山色、绿树花丛之中；夏无酷暑，冬无严寒，雨水充沛，空气清新。春暖，杜鹃喷火；盛夏，花草吐艳；仲秋，丹桂飘香；入冬，寒梅怒放。林木葱郁，景色宜人；红色景观有旧居旧址博物馆、烈士陵园、烈士墓；绿色景观有南山公园、挹翠湖；兰花坪外五马朝天；更可信步天街探珍品。远可品读历史，感怀古迹；近可入湖拜景，五马攀岩。步步都是英雄足迹，眼眼都是无限风光。平添闲情逸致，胸藏智慧人生。”

茨坪秋色

黄洋界景区——一峰独特，炮声犹耳，铸成天下经纶；五珠联璧，险关通途，铺就壮美河山

黄洋界——井冈山五大哨口之一，有“一夫当关，万夫莫开”之险。四周崇山峻岭，万峰竞险：南部山冈星罗棋布，古称“万箩倒米”；北部峭壁深渊，长满松竹杜

鹃。黄洋界峰雄谷深，气象景观变化无常。黄洋界观云海，可谓既奇又壮。有时云雾蜂拥而至，又突然跌落深谷，形成汹涌的瀑布云；有的朵朵白云轻轻飘拂，仿佛孤帆远影。毛泽东同志曾赋诗曰："过了黄洋界，险处不须看。"景观有黄洋界保卫战旧址、红军挑粮休息处旧址——黄洋界荷树、八面山红军哨口工事旧址、双马石红军哨口工事旧址、雷打石革命旧址、大井革命旧址群、上井红军造币厂旧址、百竹园、荆竹山、领袖峰景区等，景景相扣，层层相叠。

云涌

龙潭景区——采珍珠，临深渊，敢在龙潭戏水；挟碧玉，驾飞凤，梦与仙女为伴

龙潭景区坐落在井冈山北面，黄洋界南麓，距茨坪7公里，由五龙潭和金狮面两个景区组成。五龙潭素有"五潭十八瀑"之称，以瀑布多、落差大、形态优美而著称。碧玉潭、锁龙潭、珍珠潭、击鼓潭和仙女潭等五潭惟妙惟肖，形态各异，秀丽无比。金狮面峰峦奇石，鬼斧神工，金溪二叠瀑更是缥缈奇特，宛如天虹。主要游览景点有：龙潭、金狮面、小井中国红军第四军医院旧址、小井红军医院小井红军伤病员殉难处等。

碧玉潭

主峰景区——五指巍峨撼大地，五星璀璨漫红天

主峰景区位于茨坪西南面，主峰又名五指峰，距茨坪6公里，海拔1438米，因五座山峰状如握拳的右手五指而得名。第四套人民币100元背面的图案就是主峰，它已成为井冈山的象征。五指峰峰峦由东南至西北走向，绵亘数十公里，气势磅礴，巍峨险峻，至今杳无人迹，是保护完好的原始森林。五指峰群山巍列，峰岩重叠，葱茏峻拔。间藏群峦湖，湖光山色，美不胜收。当地有一首民谣形容它的险势："高高井冈山，离天三尺三，飞鸟难过去，人走无命还。"

笔架山景区——十里杜鹃，奇峰怪石疑仙境；百里香彻，蓦然回首是人间

笔架山，位于井冈山的西南面。13座山峰连绵在一起，犹如笔架状，因而得名。笔架山景区巨峰林立，气势磅礴；奇石怪状，神态各异；古木参天，蔚为壮观。以其自然风光取胜的笔架山是由13座山峰组成的风景绮丽的高山景观，景色十分迷人。除独具特色的五大奇观外；还有八吨桥的飞瀑。笔架山是井冈山著名的杜鹃山，每当春夏之交，杜鹃花盛开，千姿百态，姹紫嫣红，把整个山峦装点得如同彩龙玉带。这种杜鹃林带在世界上极为罕见。主要景点有：行洲中国红军标语群旧址、朱砂冲哨口工事旧址、黄坳毛泽东同志旧居和笔架山4处。

茅坪景区——八角楼台，犹如高山之巅；烛光一缕，曾将神州燎原

黄洋界西行15公里就至茅坪景区。这里群山环抱、环境优美、植被完好，美丽的田园风光与井冈山斗争时期遗存的革命旧址旧居融为一体。茅坪是井冈山斗争时期革命旧址旧居最为集中、保存最为完好的地方，有国家级重点文物保护单位6处，省级文物保护单位2处，是进行爱国主义教育和党性教育的理想课堂。主要景点有：八角楼毛泽东同志旧居、中共湘赣边界“一大”会址、红四军士兵委员会旧址和陈毅同志旧居、中共井冈山前委和湘赣边界特委旧址（红军医院）、步云山练兵场旧址、中共湘赣边界“二大”会址、红军烈士墓、象山庵等。此外，八角楼旁建有红军村。

砻市景区——井冈会师，点燃生命之光；惊天一曲，奏起苍天回响

从茅坪向西14公里进入砻市景区。砻市是井冈山革命根据地的中心，是著名的朱毛会师、红四军成立、红四军第二次党代会以及成立红四军军官教导队的所在地。两军会师后，井冈山的斗争就进入全盛时期。这里的主要景点有：井冈山会师纪念馆、龙江书院、井冈山会师纪念碑、红四军建军广场旧址、古城会议旧址、井冈山根据地烈士陵园。

桐木岭景区——桐木岭，桐华开，桐木哨口今犹在；缅英雄，后人来，朗声琴韵逸天外

桐木岭位于茨坪北面，是人文与自然景观相结合的景区。这里遍山桐树，春夏桐花盛开，煞是好看，故有“桐木岭”之称。桐木岭景区山峦叠嶂，峡谷幽深，怪石嶙峋，嘉木遍布。罗浮水库山水一体，意境深邃。石燕洞景观迷离，玲珑剔透。井冈山斗争时期，红军在桐木岭上修筑哨口，属著名的五大哨口之一。桐木岭沟壑纵横，地势险峻，古时修建的石级小道和五里亭点缀其间。东侧深谷中还有一石槽瀑布，长约200米。沿盘山公路，还有簇簇鹿角杜鹃。主要景物景观有水库、诗词碑、旗罗坳战斗遗址等。

鹅岭景区——先人鹅岭阅万卷，今来险关欲试剑。与仙博弈棋盘石，饮罢甘露聪明巅

鹅岭景区峰峦娟美，秀润如玉，怪石林立，奇特无穷。该景区位于桐木岭北面，距茨坪30公里，景区内主要山峰鹅岭海拔1408米，终年云雾缭绕，名胜古迹遍布山峰，景色迷人。此外还有新城战斗旧址、柏路战斗旧址等。

井冈山组图

湘洲景区——百草园，百花艳，温泉琼浆自天籁；千种美，万般俏，高山田园谁知晓

湘洲景区位于茨坪东北40公里，景区面积有3400公顷，包括蛤蟆落井、严岭嶂两个地方，都是自然景观。蛤蟆落井主要以次原始森林、高山峡谷取胜，富有原始森林的野趣。严岭嶂海拔1488米，以观云海、日出和杜鹃林为主。湘洲是我国亚热带动植物区系的摇篮和东亚植物区系的发源地之一，也是珍稀动物的乐园。

仙口景区——仙口仙桥似仙境，世外桃源又一村

仙口位于茨坪南面30公里，面积494公顷，是一个正规划开发的新景区。含长坪瀑布、热水洲温泉和仙口小三峡（即仙口峡、观音峡、温泉峡）。这里的山石、温泉、瀑布、高山田园等自然风光和独特的客家风情，引人入胜，让人流连忘返。牛头冲、长坪两瀑布是仙口景区的一大自然景观。牛头冲瀑布40余米，长坪瀑布180余米。瀑布气势雄伟，奔腾飞突，一片雷鸣，震撼整个山谷。

井冈山四季 SEASON

气候状况：井冈山属中亚热带季风型气候。其特点可归纳为：春季湿润多云雾，夏天凉爽多阵雨，秋季干燥降水少，冬无苦寒雪雨霏。全年皆适宜旅游。

井冈山的气温，年平均为14℃。最热月为7月，日平均气温24℃，极端最高日温33.7℃；最冷月为1月，日平均气温3.4℃，极端最低日温零下11℃。由于井冈山地形复杂，中西部地势高，气温变化大，往往山前山后天气不同，峰顶峪地气候异样，经常出现“同山不同季节，十里温差大”的气候特征。因此，井冈山的气候具有冬长、夏短、秋早、春晚的特点。井冈山虽春晚，但春天却有“人间四月芳菲尽，山寺桃花始盛开”的另一番气象。

井冈山的降雨量较为充沛，年平均降雨量1865毫米，降雨日214天，雷暴日68天。雨后山林更青翠，空气更清新，造就了一个稳定清新的较理想的避暑气候。

井冈山春秋多云雾，年平均雾日96天，相对湿度在80％左右。春节前后，大致有一个月左右时间，山上大雪纷飞，银装素裹，气象万千，呈现一派“南国里的北国风光”。

冬图黄洋界

住宿 ACCOMMODATION

井冈山晨鑫宾馆

井冈山茨坪五井路6号25栋（新村老乡坊三楼）

美食推荐 CUISINE

红薯丝饭、石鸡两吃、莴麻炒鳝片、茅坪粉蒸鹅、竹筒石鸡、脆皮南瓜、莲花血鸭、红米饭、南瓜饼、三味椰球、全副銮驾、锦绣鸡丝。

购物指南 SHOPPING GUIDE

井冈山壁扇

檀木壁扇，质地轻韧，色彩光洁，扇骨精巧，素净大方。制成的壁扇，有的扇面绘描湖光山色，有的彩绘圣地风光，挂在客厅墙壁上，给人以神清气爽、佳趣无穷的感受。

井冈山木雕

木雕艺人们，选取优质黄杨木、红豆杉等树材，经过巧妙的构思，施以精湛的技艺，雕刻成《九龙戏珠》、《五牛戏水》及飞禽走兽、花鸟鱼虫等木雕，将井冈山特色淋漓尽致地表现出来，独出一格，颇具匠心。

井冈山楠竹竹雕

井冈山竹雕产品有神佛人物、文房四宝、方竹手杖、刻花竹筷等。

井冈山竹编工艺

各种竹编工艺精湛，美观精致，大方实用，品种颇多，有花瓶、禽鸟、糖缸、果盒等。编织的图案，既有奇花异卉，又有飞禽走兽，件件栩栩如生。

井冈山药材：天麻。

三清山 风景名胜区

三清山，位于江西省上饶市东北部，坐落于北纬28°54'，东经118°03'，系天目山的西南分支，与江西的怀玉山、大茅山同属怀玉山山脉。风景区总面积756.6平方公里，中心景区面积229.5平方公里，主峰玉京峰海拔1819.9米。三清山山体南北狭长，平面呈荷叶状，东西宽6.3公里，南北长12.2公里。东为金沙，南连坪溪、五堡，西至汾水关，北接引浆。山势东、南、西陡峻，北面平缓。周围有浙赣铁路、320国道、梨温高速、205国道、206国道、皖赣铁路、九景高速公路等交通要道。三清山东距浙江衢州市107公里，南距福建武夷山市227公里，西距上饶市城区87公里，北距安徽黄山市255公里，距江西省省会南昌市364公里。1988年，国务院批准三清山为国家级风景名胜区。

三清山是道教名山，取道教典籍释义，将三清山的三座主峰玉京峰、玉虚峰、玉华峰分别以道教中的玉清——原始天尊、上清——灵宝天尊、太清——道德天尊三位最高尊神命名，故得名“三清”。

三清山有九大景区：南清园、万寿园、西海岸、阳光海岸、玉京峰、三清宫、西华台、三洞口、石鼓岭、玉灵观；十大绝景：司春女神、巨蟒出山、猴王献宝、玉女开怀、老道拜月、观音赏曲、葛洪献丹、神龙戏松、三龙出海、蒲牢鸣天 。

联合国教科文组织世界遗产委员会对中国江西三清山风景名胜区的遗产价值给予了高度评价，认为其在一个相对较小的区域内展示了独特的花岗岩石柱与山峰，丰富的花岗岩造型石与多种植被、远近变化的景观及震撼人心的气候奇观相结合，创造了世界上独一无二的景观美学效果，呈现了引人入胜的自然美。

管理机构：三清山风景名胜区管理局
地址：上饶市信阳路8号计委大楼七楼
邮编：334000

千峰竞秀

三清山风景名胜区导游图 MAP

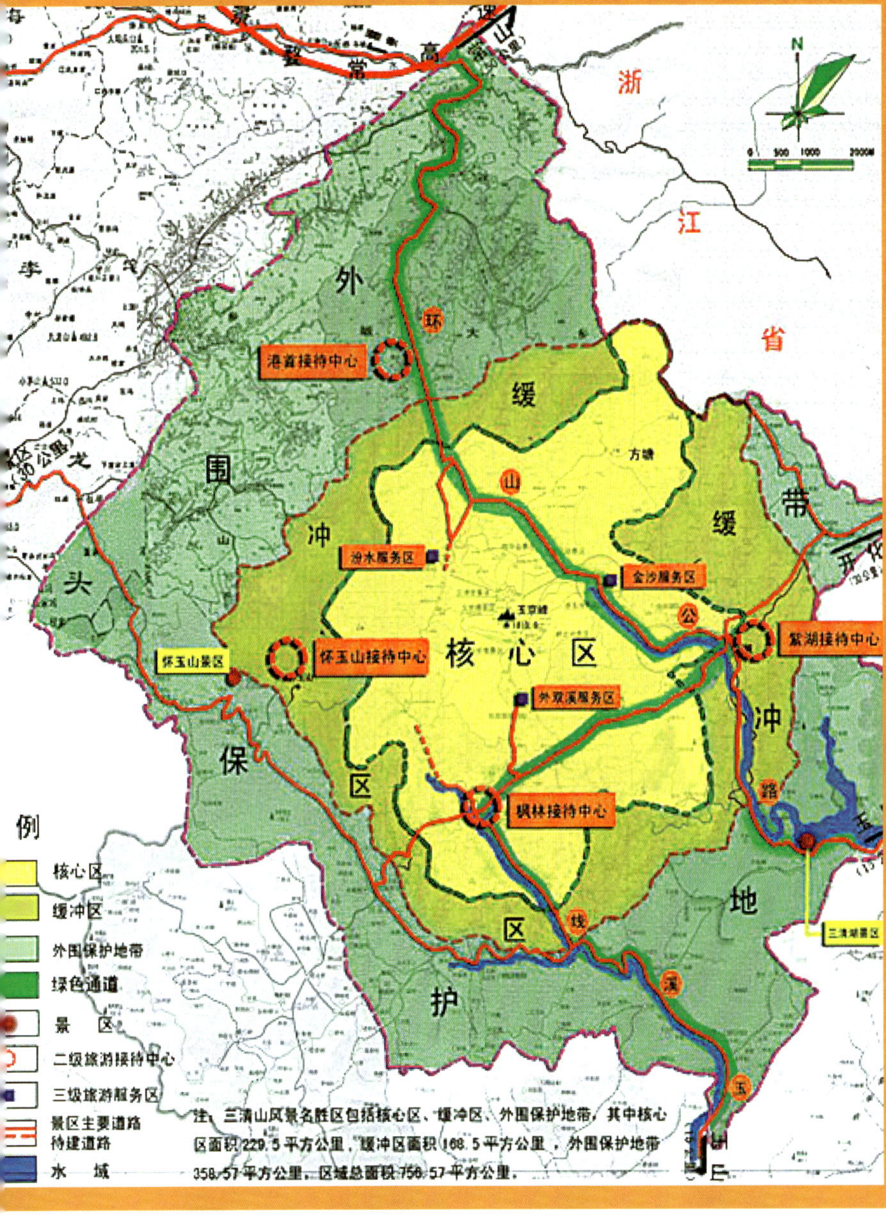

交通 出行宝典 TRANSPORTATION

（一）区外交通

上饶没有机场，但附近机场众多，可先飞到其他城市，如衢州、南昌、九江等，再走高速公路到达三清山。三清山的公路交通横向有320国道和梨温高速公路（上海至瑞丽311高速公路），连接上海、杭州和广州、长沙、武汉、福州、武夷山。纵向有景婺常高速公路，沟通景德镇、武汉、合肥、南京、杭州、上海、南昌。初步形成“丁”字形的公路交通网。

去三清山游览，先乘火车至江西上饶或玉山，然后乘汽车进山。浙赣铁路线直达上饶市或玉山县。上（江西省上饶市）南（福建省南平市）铁路线直达上饶市或玉山县。京广铁路线在南昌市中转车次。皖赣铁路线在贵溪市、鹰潭市、景德镇市（经过婺源县）中转车次。

坐火车到江西玉山站，出站后可乘坐人力三轮车直奔玉山县长途汽车站（三轮车1元/人）。发车旺季每隔半小时1班车，淡季1小时1班车。玉山到三清山大约要1个多小时（车票10元/人）。玉山晚上七八点火车有不少车次。

如坐火车到上饶，淡季则需从上饶体育馆坐长途汽车到玉山（上饶出租车起步价3元，由火车站到体育馆4元），上饶到玉山45分钟（车票8元/人），由玉山再上三清山。旺季有上饶体育馆直到三清山的长途车。

三清山的国道公路交通有320国道连接浙江省、上海市；205国道连接福建省各地；206国道经过景德镇市衔接婺源县，连接安徽省、江苏省等到各地，从景德镇市经过婺源县到达三清山需要3小时。

从上海市、杭州市经过311沪瑞高速公路直达玉山县城分别需要4小时和3小时，从南昌市经过311沪瑞高速公路（梨温段）直达玉山县城需要3小时。311沪瑞高速公路东面经过，与昌九高速公路、赣粤高速公路、京福高速公路连接，上承沟通（北面）湖北等省，下接沟通（南面）广东、福建等省，左连沟通（西面）湖南等省。

区域交通图

（二）区内交通

景区内环山旅游公路连接南北景区，三清山至玉山县城、上饶市区、婺源县、德兴市的公路达到国家二级以上标准。三清山至玉山县城来往班车较多。

三清山环山公路起点为玉山县城，终点至浙江省小关，全程94公里，连接景白公路和景婺常高速公路。

三清山环山公路南门—紫湖：全程11公里。

玉山—三清山外双溪旅游综合服务区：全程52公里；每30分钟1班(中巴)。

玉山—三清山金沙旅游服务区：全程54公里；每30分钟1班(中巴)。

上饶市—三清山外双溪旅游综合服务区：全程92公里；每天2班(春、夏、秋季)由体育馆停车场出发。

上饶市—玉山县：全程40公里；每20分钟1班(5:50—18:00)。

上饶市—德兴市：每30分钟1班(5:30—16:30)。

德兴市—三清山北部汾水(华西台景区)：全程98公里，每天6班中巴(8:40—15:30)。

南清园

南清园景区位于三清山中心位置，是三清山自然景观最奇绝的景区，平均海拔为1577米。南清园集中展示了14亿年地质演化形成的花岗岩峰林地貌特征，是三清山自然景观的精华。范围从浏霞台经禹皇顶、巨蟒出山、东方女神、杜鹃谷、一线天至游仙谷，构成一个环线。三清山几大标志性景观都在此景区，奇峰异石、雄浑山岳、壮阔云海、珍奇花木遍布其中，景观丰富。

南清园最可观的当数三清山的几大标志性象形山峰，如巨蟒出山、东方女神等，形神皆备；景区几大主要观景台均为观赏晚霞、日出的绝佳位置，如浏霞台的晚霞、云海，玉台的日出、日落及神光等，气势恢弘，绚丽多姿；景区内还有方圆数百亩的千年杜鹃谷，谷中树龄上千年的杜鹃树比比皆是，每年5～6月份花开时节，芬芳满山，殊为可观。

景点推荐：浏霞台、葛洪献丹、禹皇顶、三龙出海、秀峰、巨蟒出山、东方女神、杜鹃谷、玉女开怀、生死相依、一线天、神龙戏松、观音赏曲。

东方女神

巨蟒出山

万寿园

万寿园景区位于三清山南麓，是以祥寿文化为主题的景区。景区内奇峰巧石浑然天成，仙峰秀色中蕴涵着中国传统祥寿文化和道家修身养性之道。整个景区就如同一座天然盆景，景区内景点以精致神韵见长，各景点景观契合祥寿文化主题，启示健康养生之道。范围从寿山经观音台、鹤寿顶、得禄台、逍遥石至树开石一带，游线呈环状，全线路程约3公里。

游览万寿园可以依据两条线索：其一，有传说游客在观音台、鹤寿顶、得禄台三个观景台上分别拜一次观音（三处观景台均可观赏观音峰），就可以实现一个愿望，您不妨在观音台许个愿，到得禄台还个愿，讨个吉祥；其二，万寿园游线从低到高，层次由浅入深，顺自然展开，游客在饱览美景秀色的同时也可以领悟一些健康、养生、长寿之道。

景点推荐：寿山、观音台、白头偕老峰、止门、养生谷、鹤寿顶、三排尖、三叠龟、海狮吞月、得禄台、平安桥、逍遥石、老道拜月、蒲牢鸣天。

仙峰秀色

西海岸

西海岸位于三清山的西部，是三清山最为开阔的景区，平均海拔1600米。三清山曾经三次被海水淹没，西海岸就是当年的海岸线。景区南起浏霞台过后50米的岔路口，北至三清宫景区的涵星池，游线大约4公里，游步道由一条全国最高、最长的高山栈道构成。身临西海岸，在悬崖绝壁之上闲庭信步，远观壮阔云海、恢弘晚霞、连绵群峰、幽深峡谷，气象非凡。

西海岸有四大奇观：高空栈道、云海、大峡谷、古树名木群。漫步在海拔1660多米的高空栈道上，一边是悬崖绝壁，一边是幽深峡谷，远处是连绵群山，这种体验不容错过；西海岸的云海尤其壮观，除了普通的云海，还有轰鸣的“响云”、汹涌的“瀑布云”等；当你站在栈道上俯瞰大峡谷，也是一种难得的体验。

景点推荐：神童负松、山盟海誓、西霞港、西海港湾、观音送子、仙桥墩、妈祖导航、飞仙谷、翡翠谷、猴王献宝、母子松、葫芦湾。

西海栈道

阳光海岸

阳光海岸位于三清山的东部，与三清山西海岸、三清宫两大景区形成一条海拔1600米的高空环形旅游线路，是观赏三清山东部瑰丽风光的最佳之处。其中令人叫绝的有以下几大奇观：日出、壮阔云海、百里松林、惊险刺激的索桥、透明玻璃观景台、幽深峡谷、不同角度的东方女神和巨蟒出山等。漫步于阳光海岸之上，脚踏浮云，身披雾纱，犹如遨游于仙境之间。放眼望去，远处高山石林等壮丽景观尽收眼底。

景点推荐：玉田石 、金龟石 、乾坤台、五老拜三清、珍珠黄杨群落、母子石、天狗迎客、渡仙桥、玉光亭、曹国舅悟道、天聋地哑、步云桥。

玉京峰

玉京峰景区是三清山最高而又最中心的景区，海拔1816.9米。景区范围从九天应元府、红茶花石，经郁松岭、跨鹤桥、登真台、玉华峰、玉虚峰，到蓬莱三峰一带。玉京峰景区是三清山落差最大的景区，景区内除了玉京、玉虚、玉华三座主峰高凌云端外，还有蓬莱三峰、垂直千米的飞仙谷、深渊万丈的王母谷，更有天象奇观云海、雾涛、日出、佛光等。不登玉京峰，难得三清妙。

玉京峰景区的玉京、玉虚、玉华三峰凌立，峻峭挺拔，高耸云天。所谓“地到无边天作界，山登绝顶我为峰”，观山不至顶，总有些缺憾。只有站在玉京峰顶，俯瞰脚下千山万壑时，三清山的壮阔才会完整展现。除了顶峰的壮丽之外，玉京峰景区内的云海、雾涛、日出、日落，同样气势磅礴、绚丽多姿，玉京峰正是观日出、日落的绝佳位置。

景点推荐：和合峰、登真台、玉华观音、木鱼镇鳌、玉虚峰、飞仙谷、玉京峰、升天石、好汉坡、真绝顶、冲霄谷。

三清宫

三清宫景区位于三清山的北部，是三清山人文景观的集萃地，也是道教古建筑群的“露天博物馆”。景区平均海拔约1530米，范围上至九天应元府，下至风门。三清宫景区历时1600多年，源远流长，共有观、殿、府、坊、泉、池、桥、墓、台、塔等230多处古建筑及文物。这些古建筑及文物依据“先天八卦图式”精巧布局，是研究我国道教古建筑设计布局的宝地。

三清宫是三清山人文景观集中的景区，只有游览三清宫，才能发现道教文化在塑造三清山的品性中所起到的重要作用。三清宫景区古建筑群的“先天八卦”布局方式非常值得细细玩味，它是整个布局的核心，其他建筑围绕这个核心往八方辐射，各占一卦的位置。三清宫景区的景点造型设计非常特别。这里的建筑规模都不大，但在造型上却有很高的造诣。风雷塔的设计、龙虎殿的选址等，都体现了道家“道法自然”的运用和对“天人合一”的追求。人文、自然景观浑然交融，不分彼此。

景点推荐：风门、清都吊桥、众妙千步门、冲虚百步门、天门华表、天门牌坊、风雷塔、丹井、王祐墓、詹碧云藏竹之所、龙虎殿、飞仙台、三清宫、浏霞池、华盖松、九天应元府。

西华台

西华台景区位于三清山北麓，是宋明以来的登山石级古道，范围从汾水村至风门。诗情画意的田园风光，犹如陶渊明笔下的“桃花源”。一路上松声和泉声，万木葱茏，百花争艳。石径穿行于林荫中，即使盛夏三伏天气，也无暑热之苦，人们赞其为“绿色王国”、“清凉世界”、“百花园”。

西华台景区以田园风光和幽静古道为胜。步云古道早在唐代就是信州太守王鉴退隐之处，这里水转山环、梯田如画，岭上人家是畲族村寨，至今保持着非常纯朴的民风。至王鉴后裔王霖于宋代乾道六年（公元1170年）在山上建立三清宫以来，步云古道成为香客游人登山的必经之地。这里北接婺源古徽州，东连“吴楚分源”古驿道，西下鄱阳湖，可谓“古道黄金线”。另外，西华台景区内还有大片原始森林，茫茫绿色林海，古木参天，奇花异草遍布。

景点推荐：步云古道、步虚桥、老子看经峰、杨清桥、杨清桥瀑布、庆云瀑布、西华台、碧玉岩、登汉路。

三洞口

三洞口景区位于三清山西部，其主要特点是从高峰进入幽谷深处，探索三清山腹部迷宫般的深沟大谷，并从不同角度远眺玉京雄姿、蓬莱仙境、琼台阆苑，这是其他景区所不能取代的最大特色。

三洞口景区最可观之处在于幽谷与瀑布。这里有三清山最大最深的沟壑飞仙谷，最深处垂直切割为1000米，是百川汇集之穴，形如迷宫八卦阵，地形复杂奇险，沟壑纵横交错，断层极多，人不能通行。这里也有三清山内最为奇特的瀑布八叠龙潭，龙潭瀑布高约30多米，远远望去犹如一条白龙闪耀。瀑布水帘中隐约可见一龙头，探首峭壁外，龙头、龙目、龙嘴惟妙惟肖。

景点推荐：飞仙谷、三洞口、八叠龙潭等。

石鼓岭

石鼓岭景区位于三清山东麓，该景区最大的特点是流泉飞瀑集中，气势壮观。如玉帘瀑布是三清山最大的瀑布之一，高64米、宽30米，形如水晶玉帘高挂九天，其他还有川桥双色瀑及石门四叠瀑等。

景点推荐：石鼓岭、金桥、回音壁、鸳鸯潭、玉帘瀑布、八仙洞、八仙潭等。

玉灵观

玉灵观景区位于三清山景区风门以下至金沙、龙泉桥一带，为东部登山的通道。景区内曲折盘旋的山道，迂回于奇峰岭嶂之间，穿行于青松绿竹之下，于攀登中览赏，一路水月松峰，直叩风门云关。

景点推荐：玉灵观、吊桥、龙泉桥、冰玉洞、小龙潭瀑布、石观瀑布、玉京烟云、三清列生、玉灵月色。

特别提示：玉灵观景区是三清山的外围景区，开发尚未成熟，游步道以及其他基础设施、服务设施还不够完善，通常不建议游客进入，此处只作简单介绍。如果有游客希望到玉灵观景区探幽，最好请一位向导，本地山民是最好的选择。

特色观赏和体验 UNIQUE SCENERY & FESTIVALS

三清山的自然景观神奇壮丽，得益于其独特的地质经历和适宜的气候条件。在地质史上，三清山经历14亿年的沧桑巨变，曾有3次大海进和多次地质构造运动。这些地质变迁和造山运动形成了三清山形神毕肖的奇峰、怪石、灵泉、飞瀑、溶洞等绝景奇观。江南气候的多云多雾，又使这些景观具有仙境般的意境，从而使三清山散发着浓郁的“仙”气并以“仙”名世。

三清山风光一年当中随着季节的变化，展现出不同的魅力。三清山春光，以妩媚动人见长，枝叶吐绿，春花烂漫；三清山夏凉，峰峦苍翠欲滴，幽谷浓荫覆盖，林间百鸟欢歌，特别是高山杜鹃如云如毯，使三清山披上鲜花盛开的霓裳；三清山秋色，白云碧汉，丹枫似水，草深果黄，各种阔叶树木尽展五彩缤纷的容颜；三清山冬雪，银装素裹，冰晶透彻，玉树上下充满无穷的魅力。

三清山随每日天气变化，尽显万种风情。晨曦、黄昏晴雨万变，三清日出、晚霞、彩云、佛光和雾凇等时令景观变化万千，可谓人间仙境。此外，三清山的流泉飞瀑与奇峰异石交相辉映。三清山高山流水和地质构造作用关系密切，由花岗岩陡倾断裂，侵蚀切割形成的峡谷，深达千米，流水经过陡倾面时，产生瀑布成群的景观现象。游客游览三清山的深谷或激流时，惊诧之余，可以看到深渊的飞仙谷、飞溅的丹泉、八音瀑、二桥墩瀑布、灵雨岩瀑布等。

山舞银蛇

三清山四季 SEASON

三清山地处中亚热带，东至海岸直线距离仅340公里，故受海洋性气候影响较大。水平性气候属于中亚热带季风气候类型，具有温和多雨、四季分明的特点。同时，由于三清山的地势较高，在三清山本部又呈现出山地小气候的特点：无盛夏，有严冬，冬季漫长，夏季短促，春季出现时间较晚，秋季降临较早，雾日多，湿度大，春秋雨水亦多，一年中以东北风和西南风频率高，风力也比山下大。山区垂直地带性气候明显，从山麓到山顶，具有高山气候变化。平均气温为10～12℃，年温差为21℃。1月份气温平均为0℃，最低气温为零下7℃；7月份平均气温为22℃，最高气温为35℃。相对湿度较大，早晚温差较大。

住宿 ACCOMMODATION

女神宾馆

南清园景区女神峰附近，也是三清山东部山上唯一酒店。东部索道上站约走15～20分钟即到，位置优越，离看日出的地方玉台仅20分钟的路程。房间类型：以三人间为主，360元/三人间/非周末，比较实惠。

日上山庄

南部索道上站约走15～20分钟即到，位置优越，离看日出的地方玉台40～50分钟的路程，离看晚霞的地方西海岸仅40～50分钟的路程。宾馆以三星级标准装修，条件优越。房间类型：标间、大床单间、三人间都有，480元/标间/非周末。

天门山庄

老牌的三清山山上三星级酒店，南部索道上站约5分钟，日上山庄的下方，离看日出的地方玉台50分钟～1小时的路程，离看晚霞的地方西海岸1小时的路程。宾馆以三星级标准装修，条件优越。房间类型：标间、三人间、豪华套房都有，480元/标间/非周末。

大三清酒店

三清山南清园景区神龙戏松绝景旁，离一线天景点不远处。日上山庄平台往右走10～15分钟即到。离看日出的地方玉台40分钟路程，离看晚霞的地方西海岸1小时的路程。房间类型：以三人间为主，460元/三人间/非周末。

梯云岭宾馆

三清山南部索道上站往下走2～3分钟，离看日出的地方玉台1个多小时的路程，离看晚霞的地方西海岸1个多小时的路程。房间类型：以三人间为主，300元/三人间/非周末，经济实惠。

美食推荐 CUISINE

石鸡、四足鱼、荷包红鲤鱼、白玉豆、鸡心栗。

购物指南 SHOPPING GUIDE

罗纹砚、玉山毛笔、云雾茶、黄金茶。

龙虎山 风景名胜区

龙虎山位于江西省鹰潭市区南郊20公里处，是中国道教发祥地、国家级风景名胜区、世界地质公园网络成员、世界自然遗产地。风景名胜区面积220平方公里， 52个景点，230处景物景观。素有“神仙所都”、“人间福地”之誉。

源远流长的道教文化、独具特色的碧水丹山和规模宏大的崖墓群，构成了龙虎山风景名胜区自然景观和人文景观的“三绝”。中国古典名著《水浒》第一回“张天师祈禳瘟疫，洪太尉误走妖魔”，以生动的文字描写了这里的景色：“千峰竞秀，万壑争流。瀑布斜飞，藤萝倒挂。”“远看磨断乱云痕，近看平吞明月魂。”龙虎山由红色砂砾岩构成，形成了赤壁丹崖的“丹霞地貌”，山水自然天成，美轮美奂。景区主要景点有仙女岩、象鼻山、正一观、无蚊村、竹筏漂流、天门山、仙人城、嗣汉天师府、大上清宫、上清古镇等。登高可览九十九峰龙腾虎跃之雄峻，乘筏可赏二十余里仙踪缥缈之画屏。寻天师遗迹，拜道教祖庭，探崖墓之秘，眺龙腾虎跃，观民风之淳，见景见趣，赏心悦目，美不胜收。

近年来，龙虎山充分利用绝妙的自然山水与丰厚的人文内涵，开发出独具特色的 “升棺表演”、原生态鸬鹚捕鱼表演、龙虎山夜游、龙虎山婚俗表演等常规性表演项目，增加了景区文化内涵，吸引了众多游客。而历年来成功举办的龙虎山国际溪流钓大赛、环龙虎山国际自行车大赛、龙虎山国际帐篷节等活动，更使龙虎山渐成国内户外旅游的天堂。

联合国教科文组织世界遗产委员会评价：无论从地质还是从地貌来看，龙虎山都是一个美丽壮观的地方。通过对龙虎山的考察，龙虎山有理由成为中国丹霞申遗的领头羊。除了千奇百怪的地质地貌外，进入龙虎山景区，吸引游客的还有旅游设施、地质博物馆、独特的指示牌，这说明龙虎山管理很到位。

管理机构：鹰潭市龙虎山风景名胜区管理委员会

地址：鹰潭市龙虎山景区排衙石大道一号

邮编：335004

电话：0701—6656203

传真：0701—6656332

邮箱：ytlhsbgs@163.com

http://www.longhushan.com.cn

峰林叠翠

MAP

龙虎山风景名胜区导游图

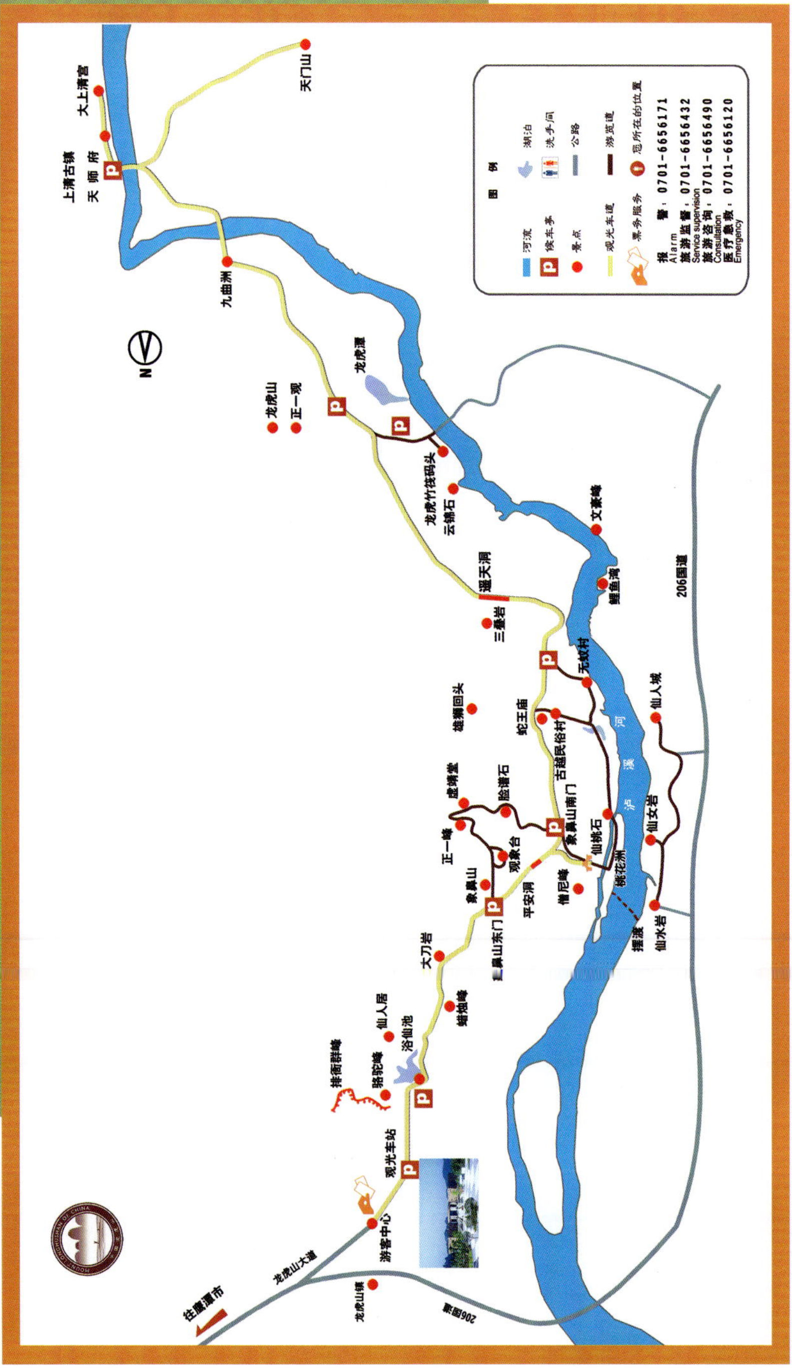

交通 出行宝典 TRANSPORTATION

（一）区外交通

南昌昌北国际机场，为中国干线机场，位于江西省南昌市北面，与昌九高速公路相连，从市区至机场行车只需20多分钟。从南昌到龙虎山约需2小时。

鹰潭火车站位于鹰潭市东二村，是浙赣、皖赣、鹰厦三条铁路汇合的铁路枢纽综合站，现有发往上海、杭州、南京、温州、福州、赣州、合肥等地列车10余班次。

1. 九江市到龙虎山景区：全程共284公里，3小时11分钟 ，收费110元。

2. 赣州市到龙虎山景区：全程共429.2公里，5小时14分钟 ，收费150元。

景区周边加油站及维修点

白马加油站：南站路63号。

鹰潭大金鹰加油站：320国道白露段。

大众科技维修：环城东路附近。

鹰潭荣胜汽配：五洲路附近。

长安汽车特约服务站：南站路附近。

区域交通图

（二）区内交通

1. 观光车： 早上7:30开始，每15分钟1班（游客坐满随时发班），到最后一个游客离开结束。

路线：观光车始发站—象鼻山东门—象鼻山南门—无蚊村—竹筏码头—正一观—上清古镇—大上清宫—沿原路返回。

票价：50元/人（已含在景区联票内）。

观光车

2. 游船：早上7:50开始，20分钟1班（游客坐满随时发班），17:00停止发船。

站点：仙水岩游船码头至无蚊村上游返回至仙女岩码头，中途不停靠。

票价：75元/人（已含在景区联票内）。

3. 竹筏：早上7:50开始，30分钟1班（游客坐满随时发班），16:00停止。

站点：龙虎山竹筏码头至仙女岩码头，中途不停靠。

票价：75元/人（已含在景区联票内）。

4. 景区栈道：景区内有浴仙池—象鼻山栈道2.8公里，游客可步行，从空中观赏龙虎山丹霞美景。

栈道

5. 游人步道：景区内有游人步道15公里，贯穿龙虎山的旱路景点。游客可从观光车站开始选择乘坐观光车或步行，在固定站点可随时调整车行或步行。

游人步道途经景点线路为：游客中心—象鼻山—无蚊村—正一观—上清古镇—大上清宫。

游人步道

竹筏漂流

旅游服务 TRAVEL SERVICE

游客中心

龙虎山游客中心建成于2009年9月。整个中心区占地面积17万平方米，建筑面积8000平方米，由游客接待中心、遗产展示中心、道教展览馆三部分组成。这三个主体建筑由既有联系又相对独立的方斗形建筑组合而成，寓意龙虎山为张道陵创立五斗米道前的炼丹修道之圣地。龙虎山游客中心拥有完善的功能区，如咨询与票务服务区、导游讲解服务区、物品寄存及投诉受理区，以及大型会议、休闲茶座、网络、邮政、医疗服务等一整套服务系统。此外，还采用了诸多高科技元素用于展示自然遗产及道教文化，高科技的运用使得游客们在新奇的体验过程中，充分了解世界地质公园龙虎山亿万年的地质演变过程，轻松感受龙虎山源远流长的道教文化，愉悦享受龙虎山方便快捷的旅游服务。地址：江西省鹰潭市龙虎山中心广场

物价监督 ☎ 12358
旅游投诉 ☎ 0701–6656432
医疗救助 ☎ 0701–6656120
旅游咨询 ☎ 0701–6658115
旅游客服 ☎ 0701–6658110
游客订餐 ☎ 0701–6658110

游客中心

游客中心内部

特别提示

景区在相关路段等都设有明显的提示标志，对交通、环境、生物等进行了提醒，各景点门前的LED大屏幕亦会告知相关旅游信息，龙虎山官方网站（www.longhushan.com.cn）有三天的天气预报。

精品线路

一日游：

上午：游览龙虎山游客中心，乘观光小火车游览新游线景点，包括：象鼻山、无蚊村、正一观。下午：乘竹筏漂流，沿途游览仙水岩十大美景，登仙人城。

两日游：

D1：上午：游览龙虎山游客中心，乘观光小火车游览新游线景点，包括：象鼻山、无蚊村、正一观。下午：乘竹筏漂流，沿途游览仙水岩十大美景，登仙人城。晚上：龙虎山夜游，宿龙虎山景区。

D2：上午：游览嗣汉天师府、上清千年古镇、大上清宫。下午：游览天门山。

三日游：

D1：上午：参观上清古镇、大上清宫，午餐后或游览天门山，或乘上清竹筏到正一观参观。宿景区宾馆或回市区。

D2：上午：到仙水岩进行船筏联游。下午：游览象鼻山、仙人城。

D3：上午：游览应天山。下午：冷水大峡谷漂流。

碧水丹山

仙水岩

仙水岩是龙虎山六大景区之核心，碧水丹山的山水文化、华夏一绝的崖墓文化和久远纯朴的古越民俗文化浑然一体，集中了僧尼峰、仙桃石、莲花石、玉梳石、丹勺岩、仙菇石、石鼓峰、道堂岩、云锦石、仙女岩等十大美景。

排衙峰

排衙峰是从鹰潭市区进入景区观赏到的第一个景点，面积2平方公里，由秀峰奇石排列而成，长约2公里，最高峰267.5米。它由多组山峰连接而成，是长期受水流冲刷侵蚀而形成的峰丛类景观，“排衙观日”是龙虎山陆路八大景观之一。

仙水岩

排衙峰

象鼻山

象鼻山位于泸溪河东侧，因有一座巨大的状如大象的山峰而得名。主要景点有仙丹盒、龙胆赤壁、观象台、正一仙峰、百岁洞府、雄师回头、金龟翘首等，是一处难得的丹霞地貌的景观集锦和科考、休闲胜地。

象鼻山

仙人城

仙人城因唐代诗人顾况所写的《安仁港口望仙人城》而得名："楼台采翠远分明，闻说仙家在此城；欲上仙城无路上，水边花里有人声。"仙人城由仙岩峰和河豚堡峰两组山峰组成。

仙人城

金枪峰

金枪峰海拔118米，峰柱高约60米，仰望有孤柱擎天之势，雄伟挺拔，是龙虎山老年期丹霞的典型代表地貌，亦称"大地之父"。

羞女岩

羞女岩与金枪峰遥遥相对，因水流冲刷形成上小下大洞穴，又因其形似女性阴部与臀部，故得名，亦称"大地之母"。其美学价值为国内外丹霞景观中绝无仅有，被誉为"天下第一绝景"。

金枪峰

崖墓群

仙水岩春秋战国崖墓群

崖墓群主要集中在泸溪河水岩段下游的西岸峭壁上，共有100余座。崖墓分布集中、位置险要、文物丰富、保存完好，都在距水面10～60米之间的洞穴中，洞穴基本朝东。1978年11月，江西省考古部门进行了考古发掘。

正一观

正一观最早名叫“祖天师庙”，是第四代天师张盛自四川回龙虎山“永宣祖教”，为祭祀祖天师而建的道观。明嘉靖年间称正一观。现在的正一观是2000年在被毁正一观原地上按宋代建筑风格新建的，占地60余亩，整个建筑群灰瓦白墙，古朴典雅，气势雄伟。“正一神观”是龙虎山陆路八大景观之一。

正一观

龙虎山

包括龙山和虎山，位于正一观后，主峰大虎头海拔247.4米，为百里龙虎山区的心脏。龙虎山因道教第一代天师张道陵在这里炼丹修道，“丹成而龙虎见”而得名。周围有水帘洞、炼丹池、薛家寨、手诀峰、骆驼峰、仙都睡美峰、双狮滚球等景点。

龙虎山

云锦峰

云锦峰临江而立，像一幅巨大的锦毯垂落而下。日落之际，红崖、绿树、白色的鸟粪映在泸溪河中，五彩斑斓，可观赏到赤壁丹崖与鸟类的生态组合。该崖壁在宽大、高峻、造型、色彩和气势上都是丹霞地貌的杰出代表作。

云锦峰

天师板栗林

天师板栗林位于石鼓峰南面，面积约600余亩，是一片天然板栗林，据传说是道教祖天师张道陵来龙虎山炼丹修道时所种。林内平均树高10余米，秋季结实累累，果实个大、味甜，是龙虎山土特产之一。

天师板栗林

天师府

全名嗣汉天师府，也叫大真人府，是历代张天师生活起居和祀神的地方，又是中国道教正一派的祖庭和张天师曾经掌管天下道教事务的办公衙门。它是我国私第园林和道教建筑的艺术瑰宝，1983年被国务院确定为全国重点对外开放宫观。现为国内外正一派道教弟子的授箓之所。

天师府

上清古镇

上清古镇始建于南北朝时期，旧有沂阳市、倪阳市、雄石镇等多种名称。上清古镇以一条古街为主线，沿泸溪河而建，临河一边为江南水乡独特的建筑——吊脚楼。古街长约1.5公里，东西向贯穿全镇，沿街两边有许多特色建筑。为中国历史文化名镇。

古镇晨曦

大上清宫

上清宫位于上清古镇东首，是历代天师阐教演法、为弟子授箓传度之所，有“神仙所都”和“百神授职之所”之称。大上清宫伏魔殿内镇妖井，是我国古典名著《水浒传》第一回所写的水浒一百零八将的出生之地。

大上清宫

留侯家庙

长庆坊

长庆坊又叫朱老爷庙，位于上清古镇西头，是为纪念金元时曾在上清行医的医学家朱丹溪而建的祠庙。

留侯家庙

留侯家庙位于上清古镇中部，庙内塑有汉留侯张良及第一代、第三十代、第四十三代天师神像及历代天师神位。

天主教堂

天主教堂位于上清古镇东。清同治十一年（公元1872年）由荷兰神父建造，是鹰潭地区最早的洋教堂。教堂为哥特式建筑，面积1057平方米。

天门山

天门山位于上清镇南部5公里，景区面积5平方公里，最高峰海拔1300米，有“天然氧吧”之称。主要景观有龙门、龙井、桂花坪、姊妹瀑、青云瀑、浪荡矶、天狗望客、鲤鱼伸肩、狮头、鞋石、乌龟石、一线天、仙人洞、铁栏关象、鳖出瓮、鸡公石、童子拜观音、风洞、五虎窜羊、董元寺遗址、天门寺遗址等。

圣井山

圣井山位于上清镇沙湾村南5公里，这里原始森林覆盖，古木参天，绿荫蔽日，高山峻岭。山上有三井（水冲刷形成的深潭）相连而形成的瀑布群。主要景点有一井、风洞、竹海、资国寺遗址等，以高山漂流和高空索道为主的圣井山旅游开发正在筹备中。

天主教堂

特色观赏和体验 UNIQUE SCENERY & FESTIVALS

野生动植物

中华秋沙鸭

中华秋沙鸭是第三纪冰川期残存下来的物种，距今已有一千多万年，是我国特有的稀有鸟类，属国家一级重点保护动物。其分布区域十分狭窄，数量也极其稀少，全球目前仅存不足1000只。2007年冬，中山大学王英永教授在龙虎山境内发现了近100只中华秋沙鸭，是目前所报道全球罕见的最大越冬群体。中华秋沙鸭属越冬候鸟，每年的11月中旬至次年的3月份在龙虎山景区泸溪河段的上清、沙湾、蔡家桥、泥湾4个地方群集，由于此鸟天性灵敏，需隐蔽在上述地段沿岸的树林中才能观察到它的倩影。

野生鸬鹚

最佳观赏区位于景区正一观竹筏漂流码头附近。傍晚时分，栖息于锦屏悬崖上的约2000余只野生鸬鹚陆续归巢，场面浩大。

白鹭

白鹭

整个景区均有分布，数量庞大。以天师府古樟林和瑶仙湖原生态杂木林为主要栖息地，约有近10000只鹭鸟栖息于此。

白莲

景区沿游线两侧种有约500亩白莲，每年的7～9月份为最佳观赏季节，含风而动、莲香四溢，极具观赏价值。

中华秋沙鸭

历史文化

鸬鹚捕鱼

鸬鹚捕鱼是我国传承千年的古老技艺，这项技艺在龙虎山的渔民中也世代相传着。一叶扁舟出没于龙虎山的丹山碧水之中，矫健的鱼鹰、黝黑的渔夫、碧绿的江水、两岸的群山，构成了一幅完美动人的画卷。为了使这项古老的捕鱼技术能够传承，龙虎山已经将这项技艺变成了固定的表演，在每天的上午9点、10点和下午3点、4点均表演一场。游客可于固定的时间在无蚊村欣赏，并可与鸬鹚合影。

鸬鹚捕鱼

仿古升棺

1989年，上海同济大学陆敬严教授和美国加利福尼亚大学程贞一教授领衔的中美悬棺科研组通过模拟试验，成功地利用仿古木绞车、木质土滑轮、麻质绳索等原始工具，在仙水岩重现了2000年前古人吊装悬棺的惊险过程，初步揭开了这个千古之谜。龙虎山景区聘请当地的采药人，将这一科研成果转化为“仿古升棺”表演。每日的上午11：30、下午1：30、4：30，游客可在仙水岩、桃花洲观看这一表演，目前已成为龙虎山的一大特色旅游项目。

仿古升棺

斋醮科仪

天师府宫观道众每逢朔、望日，重要节日，祖师圣诞，都要举行祝寿、庆贺等典礼，这些常行的仪规统属斋醮科仪。道教重视修斋，制定了一整套斋法，形成了完备的道教“斋醮科仪”。现已成为天师府每日对外开放的表演项目之一。每日上午9：30和下午的14：30，游客可在天师府天师殿看到这一神圣的艺术再现。

科仪表演

道教授箓仪式

作为正一派道士，必须授箓。不授箓就不能做道场法事，就无法遣使箓中兵将斩妖除邪，拨度生灵，救济困厄。授了箓才算进了道阶，成为真正的道士（法师）。天师道的授箓传度源远流长。每年一次，天师府都会对海外的天师道徒进行授箓，也是国家宗教局批准的唯一可授箓的宗教场所。

古镇庙会

每年的农历七月廿二，是上清古镇传统的庙会。在这前后4天，可观赏到当地特色的民俗表演。来自附近省份的群众聚集于此，大批的物流汇聚于此，既是一场现代的物资交流会，也是一个民俗表演的展示会。

龙虎山四季 SEASON

龙虎山景区属中亚热带湿润季风气候大区江南气候区，具有夏无酷暑、冬无严寒、温暖湿润、四季分明的特点。年平均气温为17.9℃，极端最高气温40.7℃，最低气温−8.6～−7℃。区内雨量充沛，大气湿度高，年平均降雨量为1878mm，4～6月为梅雨季节，7～8月多雷阵雨，9月至翌年2月为少雨季节；年平均蒸发量1648.4mm。

游客可根据出游季节选择穿着衣物。春秋季可着单衣，披外套；夏日着短袖，注意防晒；冬日需着棉服，竹筏漂流时体弱者可戴棉帽或围围巾。

仙踪缥缈

住宿 ACCOMMODATION

龙虎山迎宾馆

龙虎山龚资线

0701–6635999

价格：435～1100元/间

瑞林山庄

龙虎山观光车站旁

0701–6658168

价格：180～280元/间

道源山庄

龙虎山观光车站旁

0701–6658100

价格：228～532元/间

泽方正圆

龙虎山龚资线旁

0701–6659999

价格：180～888元/间

风云轩宾馆

龙虎山象鼻山景区

0701–6658198

价格：150～350元/间

家乐居酒店

龙虎山游客中心旁

0701–7170888

价格：190～420元/间

澜波湾宾馆

龙虎山十六公里游客中心旁

0701–6657778

价格面议

龙虎山宾馆

龙虎山十六公里

0701—6659100

价格：100～200元/间

上清宾馆

龙虎山上清古镇广场西侧

0701—6639188

价格：120～260元/间

泸溪宾馆

龙虎山上清古镇广场西侧

0701—6638118

志远人家

龙虎山镇

0701–6658998

价格：60～80元/间

以上信息若有变动，以实际为准

景区露营

龙虎山风景名胜区已建立了露营基地，仙水岩下桃花洲和情侣沙滩为驴友露营基地，可容纳约6000名游客露营。同时，景区有帐篷可提供。

0701—6656110

重要提示

注意环保，不要乱丢垃圾，垃圾要装袋投入垃圾箱；注意防晒，适当涂防晒油，穿宽松的衣物；带手电筒，方便晚上行动；带防潮垫等基本露营装备；夏季要注意防蛇防虫，带好必备药品；保护景区生态，不损坏自然景观；需要由有经验的人士带队；保护景区文物和崖墓文化，勿攀爬。

美食推荐 CUISINE

天师八卦宴

天师八卦宴是历代天师为宴请宾客、举行重大活动而设的大型宴席。宴席的最大特点是，既注意菜肴的品种，更注重菜盘的摆放，饮食文化非常独特，道教的寓意也很深刻。设席时，使用的是老式八仙桌，按八卦中的“乾、坤、震、巽、坎、离、艮、兑”八个方位，先上八个小菜或小吃，如捺菜、茄子干、柚子皮、霉豆腐、灯蕊糕、寿星饼、南瓜子、冬瓜糖等，八位客人各人斟上“天师养生茶”。茶过三巡，撤下小菜，再上八大菜。先是上用“红枣糯米”等原料精制而成的太极八宝饭，八宝饭放在桌子的正中，定下乾坤，然后，按阴阳生太极、太极生两仪、两仪生四象、四象生八卦的道教八卦规律，依次摆上特制的盘子盛装的八大养生菜。按道教方位规定，北为玄武、南为朱雀、东为青龙、西为白虎。代表玄武的红烧龟肉放在上座的正中，代表朱雀的板栗烧鸡放在下位的正中，左右两侧正中分别是代表龙的清炖蛇和的红烧兔子肉。其他荤素菜肴便在空位摆下，正好围成个太极八卦图，可谓色、香、味、形俱全，文化韵味十足。

另外还有上清豆腐、天师板栗烧土鸡、荠菜羹等。

荠菜羹

天师板栗烧土鸡

上清豆腐

天师八卦宴

购物指南 SHOPPING GUIDE

龙虎山乌木、天师板栗、上清大米、天师板栗酒、圣井香菇、龙虎山道家酒、葛粉、龙虎山茶、天师灵泉、捺菜。

仙女湖 风景名胜区

仙女湖因1600多年前东晋文学家干宝所著《搜神记》“七仙女下凡”豫章新喻（今江西新余）传说故事而得名，是中国七夕情人节的发祥地。拥有国家级风景名胜区、国家AAAA级旅游区、中国最佳休闲度假旅游目的地、中国优秀旅游景区、江西省十大文明风景旅游区等多项殊荣。

仙女湖以“情爱圣地、群岛峡谷曲水、千年水下古城、亚热带植物基因宝库”四大绝景著称，自然风光秀美，人文胜迹荟萃。景区面积194.7平方公里，水域面积50平方公里，湖中100余座岛屿星罗棋布，60多条湖湾扑朔迷离，40余挂泉瀑气势磅礴。风景兼具湖泊型和山岳型两大类型，以湖泊型风光为主，由曲水通幽的舞龙湖、两峰对峙的钟山峡、烟波浩渺的钤阳湖、革命胜地九龙山、天然氧吧凤凰湾、绿色基因宝库大岗山六个分景区组成。主要景点有桃花岛、名人岛、龙凤苑、民俗文化风情园、爱情岛、龙王岛（水上乐园）、圣集寺、九龙狩猎度假村。

这里是江南佛教圣地、休闲度假天堂。

这里是古老神话传说“七仙女下凡”的地方，演绎了一段千古绝唱的爱情故事。

这里是明代宰相严嵩故里，见证着一代权臣的荣辱沉浮。

这里是中国古代科技巨著《天工开物》的原创地，留下了一代科技泰斗宋应星著作的翰宝墨迹。

这里的山水如此多娇，孕育了一代国画大师傅抱石的旷世名作。

仙女湖——一个让你冲动的情湖，走近她，揭开她的面纱，你会惊叹：此景只应天上有，人间难得几处觅！

管理机构：新余市仙女湖风景名胜区管理委员会

地址：新余市仙女湖大道186号

邮编：338000

电话：0790-6855520

传真：0790-6855559

邮箱：xnhdzb@163.com

http://www.xiannvhu.gov.cn

金色仙女湖

MAP

仙女湖风景名胜区导游图

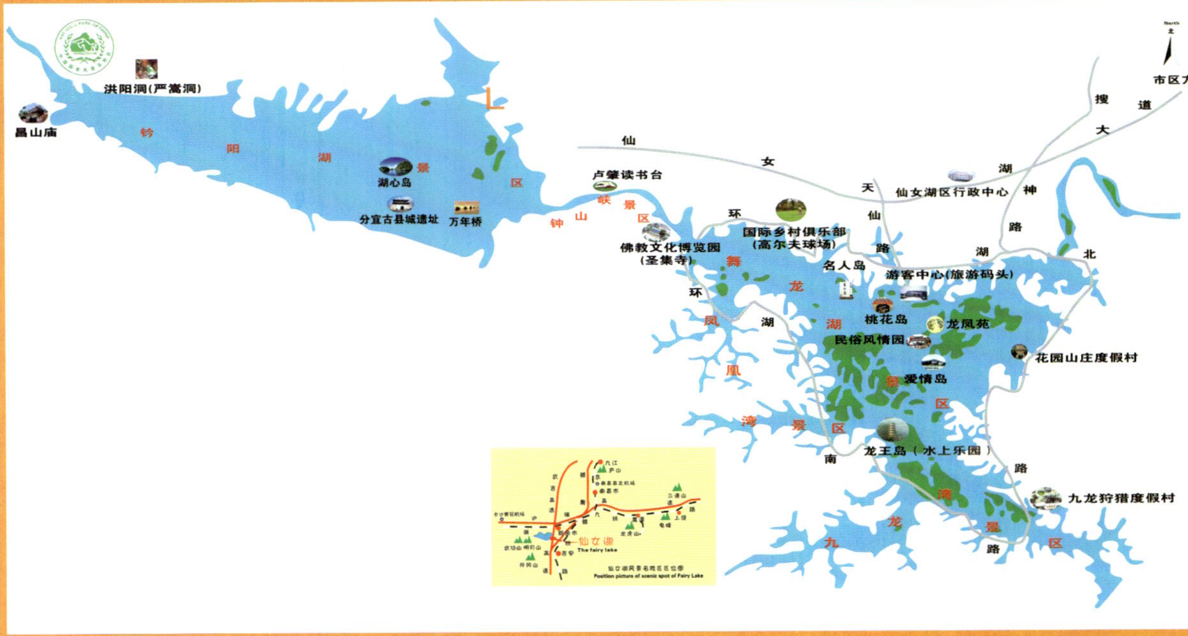

《搜神记》（东晋 干宝）

豫章新喻县男子，见田中有六七女，皆衣毛衣，不知是鸟，匍匐往，得其一女所解毛衣，取藏之，即往就诸鸟，诸鸟各飞去，一鸟独不得去。男子取以为妇，生三女。其母后使女问父，知衣在积稻下，得之，衣而飞，去后复以迎三女，女亦得飞去。

交通 出行宝典 TRANSPORTATION

（一）区外交通

仙女湖区位交通条件优越。位于新余西南郊10公里处，地处“庐山—仙女湖—井冈山”和“仙女湖—明月山—武功山”两条旅游黄金线上，距南昌昌北机场160公里、长沙黄花机场200公里，距宜春旅游机场40公里。

景区紧邻浙赣铁路和“长南杭”高铁线，途经列车均停靠新余火车站和新余高铁北站。赣粤、沪瑞、大广高速公路穿境而过，从大广高速仙女湖互通口下，经仙女湖大道、天仙路直达仙女湖游客中心；从沪瑞高速新余互通口下，沿新余市区新欣大道、毓秀山大道、天工大道、仙女湖大道、天仙路到达景区。新余城区可乘坐503路公交车（新余火车站—仙女湖码头）直达仙女湖游客中心。

（二）区内交通

风景名胜区内有比较完善的旅游交通设施。一流的旅游公路码头，豪华的游客中心，种类多样、功能齐全的游船。建有园林停车场，日停车量可达1200余辆。水上交通方便，游船200多艘，2800余个客位，日接待能力可达1万人次以上。各景点游步道120多条，进出口线路设置合理，标志明确，景观亭、台、廊错落有致。

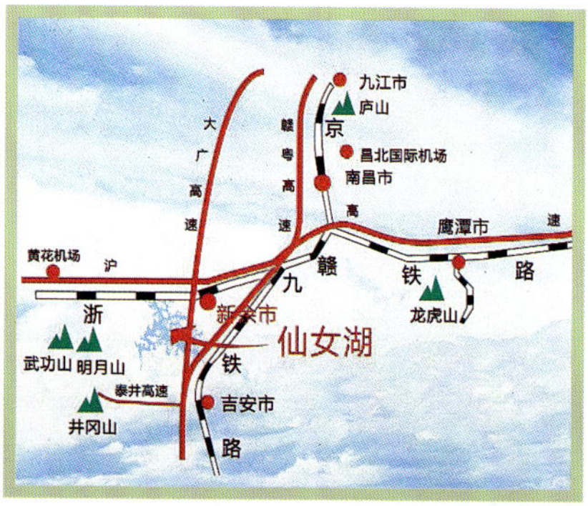

区域交通图

旅游服务 TRAVEL SERVICE

1. 游客中心

仙女湖游客中心位于仙女湖风景名胜区码头区，交通便利，游客中心占地面积6万多平方米，可为游客提供停车、售票、休闲、餐饮、咨询、投诉、电子商务、导游、特殊人群服务、小件寄存及旅游商品、旅游产品购物等服务。

旅游信息咨询服务 ☎ 0790−6851189 / 6855529

接待旅游投诉 ☎ 0790−6851187

救援救助服务 ☎ 0790−6859023

便民服务电话 ☎ 0790−6851588

旅游景区景点宣传展示：仙女湖旅游政务网www.xiannvhu.gov.cn

仙女湖码头

2. 景点门票

游船：120元/人次（含90元游览券和30元船票）

快艇：140元/人次（含90元游览券和50元船票）

特别提示

现役军人、70岁以上老人凭有效证件免门票，但需购买定额船票。1.1米以下的儿童免票，1.1～1.4米儿童购半票。2人（含2人）以上大中院校学生凭有效证件购半票。

精品线路

一日游

桃花岛—名人岛—龙凤苑—民俗文化风情园—爱情岛—龙王岛（水上乐园）

二日游

D1.上午：罗坊会议纪念馆（或湿地公园）—仰天岗森林公园—太阳城—崇仁寺。

下午：昌山庙—洪阳洞

D2.桃花岛—名人岛—龙凤苑—民俗文化风情园—爱情岛—龙王岛（水上乐园）

舞龙湖景区

有桃花岛、名人岛、龙凤苑、民俗文化风情园、爱情岛、龙王岛（水上乐园）、圣集寺7个景点。

桃花岛

桃花岛因岛上遍植桃花，春天桃红柳绿，桃果满树且饱含桃文化底蕴而得名。它由大小两个岛屿组成，面积31.55亩。桃花岛的景门是一座仿古城墙式的建筑，高5米、长17米、宽4米，是建设者利用新余市旧城改造时废弃的明清古砖建设的。很多砖上还可以看到“喻南学社”、“江德润堂”、“平垣公馆”、“宋灵杰墙”、“新喻县城砖”等铭文。景门拱形门洞两侧的宣传画，真实地记录了桃花岛及其主人的荣耀。

桃花掩映

名人岛

名人岛是以新余古今名人为主要展示内容，按照中国江南园林古朴典雅风格建造的一个岛。全岛总面积65亩，由大小两个小岛组成。从空中鸟瞰，大岛如苍龙卧波，小岛为翠珠凌水，俨然“苍龙戏珠”的天然景观。名人岛的门楼高大雄伟，富丽堂皇。上面有傅抱石先生的次子傅二石先生题写的岛名——名人岛和聂朋先生编撰、张鑫先生书写的对联，两侧的墙上是陈祖煌先生创作、民间艺人制作的《干宝与搜神记》、《毛衣女下凡》的浮雕。在门楼的东南方，巨石镶嵌的青石碑上，雕刻着李前先生撰写、沈立新先生书写的《名人岛记》；矗立着由书本、笔筒、毛笔造型的名人岛的岛徽，象征着新余的名人和新余人民一道书写了新余的辉煌历史，也隐喻着名人岛是一本书，通过对新余名人事迹的了解，阅读新余的历史，吸取名人精神，励志成才。

爱情岛

仙女湖是情爱文化发源地，也是中国四大经典爱情故事发祥地之一。爱情岛以情爱文化为主导，以传播情爱文化为理念，以缔造婚尚文化为载体，为天下有情人打造一个爱的天堂！爱情岛内聚集众多情爱文化元素，有展示世界各地不同婚俗文化的“世界婚礼大观园”、水上高尔夫球练习场，有全亚洲超大规模的婚纱拍摄基地——仙女湖环球影视城等。建有环球影视城、同心锁、姻缘、大象台抛绣球、绣楼、洞房、婚礼大观园、风雨桥、教堂、爱琴海、浪漫满屋、海景码头、日式风情街、欧陆风情街、宫廷水道、水上高尔夫、太子楼等景点景观。

爱情岛全景

龙王岛

龙王岛面积51公顷，平面像橄榄，又似祖国宝岛台湾；立面呈等腰三角形，颇有日本富士山的风韵。龙王岛是舞龙湖景区最高的岛，与王者派头相适应。岛上奇松与瘦竹竞秀，翠藤并野花争艳。东西二面山腰分别耸立着凝秀亭和漱影亭。龙王岛脊顶平坦如砥，又蜿蜒幽深，从南至北有凌水崖、龙王庙、邃怀亭、通雅亭、观日石、龙王阁六景。沿着岛东天梯般的磴道上到岛顶，左面是一座石雕仿筒板瓦的重檐八角攒尖宝葫芦顶石亭，亭名为邃怀亭。

民俗文化风情园

从邃怀亭往南，便是龙蟠凤峙、耸壑凌霄的龙王庙，为歇山式庙堂建筑。从岛顶南端折回岛北是通雅亭。由通雅亭北下，可以登上底部凹空、古趣横生的观日石，西观日落、东仰日出。它是观赏整个舞龙湖景区全貌的最佳地点，登阁远眺，仙女湖貌若天仙般的风光尽收眼底。

钟山峡景区

钟山峡景区有钟山峡、萧公庙、卢肇读书台、北山寺4个景点。

钤阳湖景区

钤阳湖景区位于仙女湖上游，以20多平方公里的内陆湖为核心，水面“万顷湖天碧，一星飞鹭白”。水下沉睡着历经千载的分宜古城——钤阳镇，从而构成既烟波浩渺、水天一色，又人文闪烁、古迹斑驳的景观。钤阳湖以其名胜古迹见长，概括起来有五古：水中古桥——万年桥（严嵩桥）、水下古城——分宜古县城、水边古庙——昌山庙（圣母庙、龙姥庙）、湖岸古洞——洪阳洞（严嵩洞、狐仙洞）、水下古水工建筑——昌山堰。畅游之后，定能使人产生追古溯源的翩翩浮想。

主要景观有：昌山庙、洪阳洞、西岗东汉古陶窟遗址、下马陵新石器时代遗址、湖心岛、严嵩故里祠堂、严嵩墓、万年桥、钤麓书院、钤冈岭、昌山峡、耽江水府庙等。

夕照钤阳湖

万年桥

万年桥是明嘉靖三十五年首辅严嵩捐建的“七桥一路”中的一桥。秋冬时节水位回落，站在钤阳湖岸清晰可见经历了四百多年的万年桥雄姿巍然浮于两岸之间，桥孔仍历历可数，宛如游龙嬉水。万年桥全长386米，宽8米，共10墩11拱，筑桥工艺精美绝伦。据考证，万年桥是江西现存联拱石桥建造最早、使用最久的桥之一，也是江西第一座有具体日期可考的明朝古桥，为江西第四大联拱石桥。

万年桥

洪阳洞

洪阳洞位于钤阳湖西北岸的袁岭山腰，属喀斯特熔岩地貌。由于东晋著名道学家葛洪、娄阳二人曾在洞内修炼制丹，所以集二人之名，取为洪阳洞。又由于此洞距离介桥严家只有数里，明朝权相严嵩小时候曾在洞中读书，所以又叫严嵩洞。到现在民间仍流传着“狐仙伴读”、“吞食夜明珠”的神话故事，百姓又称之为狐仙洞。根据《分宜县志》记载：此洞“有石室十七，石穴七十二”，绵延十余里，分为东西两部分。东部高大宽敞，西段幽暗深邃。洞内怪石壁立，钟乳嶙峋，琳琅满目，仪态万千。洞口迎面石壁上刻有“洪阳古洞天”五个古朴苍劲的大字，两边刻有前人留下的游记题诗。洞口原设有葛洪、娄阳两位道教宗师的塑像。东侧向顶部倾斜的石榻上有一个凹陷如鸡心的池子，旁边横躺着一块像锅灶的黑石，据说这就是葛洪、娄阳炼丹的丹池丹灶。将手伸到丹池丹灶的上面，还可以感觉到一股上冲、腾发的热气，相传这是当年炼丹后尚未散尽的余热。

九龙山景区

九龙山景区位于东南面，是中共赣西南苏区的重要活动区域。这里星罗棋布的革命遗址，不仅是进行革命传统教育的重要基地，也是游览观光的理想之所。九龙山山高林密，层峦叠嶂，云蒸霞蔚，绿色似染，鸟语花香，山水兼胜；神话传说与革命遗址交相辉映，旅游休闲与漂流探险相得益彰。它主要包括中共新余第一个党支部——花桥支部旧址、红军战壕遗址、革命烈士纪念碑、烈士陵墓、红军洞、观音洞、来雨庙、红宝树、仙姑潭（红军泉）、花桥暴动遗址、龙首石、龙潭虎穴、天峰观景台、十里红色漂流、九龙国际狩猎场等景点。

九龙湾

凤凰湾景区

凤凰湾景区位于仙女湖中南端，动植物资源丰富，融多姿多彩的生态景观、底蕴深厚的人文景观、绮丽迷人的水文景观和变化万千的天象景观为一体。2007年1月，凤凰山被江西省林业厅批准为省级森林公园，成为仙女湖南大门的又一靓丽风景线。

水巷弯弯

特色观赏和体验 UNIQUE SCENERY & FESTIVALS

仙女湖情人节

情人节期间举行仙女湖“情山爱水”水上集体婚礼盛典以及系列娱乐活动项目，如“永结同心”游泳赛、黎族情人舞、傣族情人泼水节等；同时举办仙女湖情人节“狂欢之夜”大型文艺晚会。

时间：每年农历七月初七

七夕情人节庆典

傣族情人泼水节

仙女湖四季 SEASON

仙女湖风景名胜区平均气温17℃，区内年降雨量1534.8毫米，相对湿度70%，风力年均1.6级，常年风向以东北风和西南风为主。

大岗山瀑布

大岗山瀑布

住宿 ACCOMMODATION

仙女湖景区可住宿的有名人岛、爱情岛、民俗文化风情园、花园山庄、仙女湖山庄、仙女湖龙华国际大酒店。一般标间价格在100～500元/间左右。

仙女湖周边住宿：春龙大酒店（五星）、北湖宾馆（四星）、钟山国际大酒店（三星）、万年青大酒店（三星）、悦华大酒店（两星）。一般标间价格在150～500元/间左右。

仙女湖山庄

美食推荐 CUISINE

全鱼席用仙女湖的水烩仙女湖的鱼，可供应仙女湖盛产的各类鱼、蟹、蚌、螺等20多种水产鲜品，集赣、湘、川、沪、粤等菜系烹饪技术，香辣美味，别具一格。

全鱼席

购物指南 SHOPPING GUIDE

茶油

火腿

仙女湖干鱼片

采用仙女湖内自然生长的优质鲜鱼加工开发的系列袋装熟食干鱼片，风味独特，美味可口。

仙女湖纯正茶油

采摘仙女湖九龙山深山老林茶籽，经压榨、过滤、澄清等系列工艺制作而成的绿色植物油。

仙女湖茗茶

采摘仙女湖九龙山高峰嫩茶芽，经传统工艺加工而成的绿色食品。

此外，还有仙女湖火腿、干竹笋、仙酒、香菇、竹制工艺品、木制工艺品等特产。

龟峰 风景名胜区

龟峰，位于江西省东北部，上饶市西大门弋阳县境内，景区总面积39.3平方公里，属于典型的丹霞地貌，以“峦嶂之奇、景观之绝、佛窟之雄、人杰之魂”而享誉海内外。它发育于距今1.35亿年的白垩纪晚期，经过地壳运动，自然的鬼斧神工和人类先民的生活印迹，给我们留下了这一宝贵的自然遗产。龟峰，早在周代，就有人生息，自南朝梁代曹祥师开山建寺以来，龟峰就以优美的自然风采展示于世人面前，究其历史，可谓始于梁，兴于唐，盛于宋。

这里峰奇石巧，象形独秀，奇峦如画，钟灵毓秀，属典型的丹霞地貌，国内外专家考察后，纷纷惊呼其为“丹霞精品，人间瑰宝”。走进龟峰，尽享田园风光，深吸天然清氧，亲临摩崖石刻，细品道中真意，明鉴霞客足迹，畅游清水湖上……宛如走进了一幅壮丽的山水画卷，恍若步入了梦幻缥缈的人间天堂。

2001年6月，龟峰被评为全国爱国主义教育基地。2001年11月，被列为国家森林公园、国家AAAA级风景旅游区。2004年1月，被评为国家重点风景名胜区。2007年4月，被国土资源部批准为首批国家地质公园。2007年11月，被评为世界地质公园。2010年8月2日，龟峰获得世界自然遗产称号，从而成为集“世界自然遗产”和“世界地质公园”于一身的“双冠”景区。

经过几代人的规划与建设，龟峰风景名胜区逐步成为了集旅游、疗养、度假、会议、宗教、摄影、探险、科考于一体的休闲胜地，吸引着一批批来自五湖四海的宾朋好友。

管理机构：上饶市龟峰风景名胜区管理委员会

地址：上饶市弋阳县方志敏大道中路106号

邮编：334400

电话：0793-5824728

传真：0793-5824729

邮箱：guifengdzb@163.com

http://www.guifengly.com

龟峰湖

龟峰风景名胜区导游图 MAP

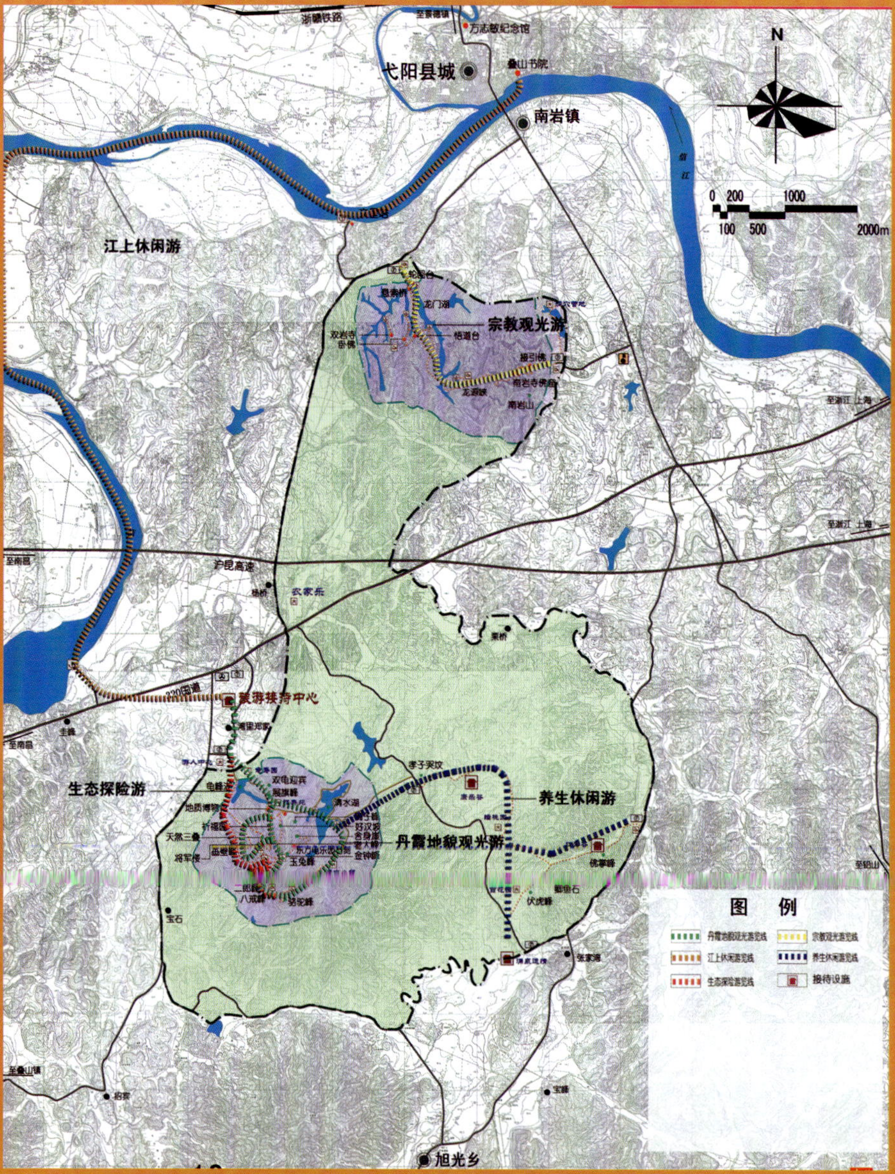

交通 出行宝典 TRANSPORTATION

(一)区外交通

上饶境内有沪瑞、九景、景鹰、景婺黄（常）高速公路，有320、206两条国道线，有浙赣、皖赣、峰福三条铁路，还有七条出省公路。周边1～3小时车程内，有武夷山、衢州、景德镇、南昌和杭州五个机场。

(二)区内交通

景区内观光车，票价为10元/人。

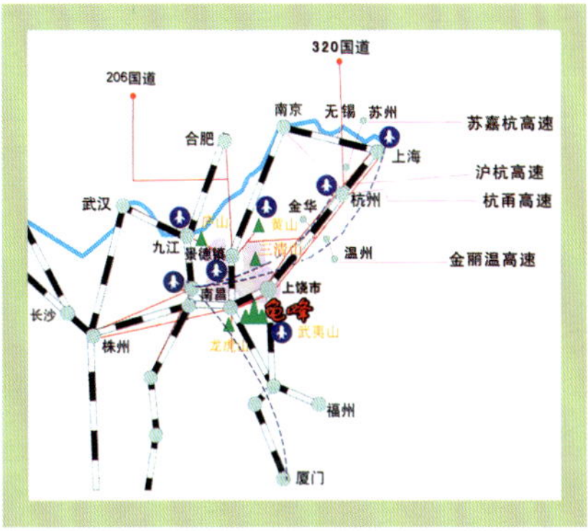

区域交通图

旅游服务 TRAVEL SERVICE

龟峰风景名胜区游客中心位于景区入口处。内设：售票厅、沙盘展示厅、导游服务中心、旅游纪念品销售等。

龟峰景区票价：80元/人

游客中心

精品线路

丹山碧水之旅

双龟迎宾将军楼—老鹰戏小鸡—忠魂石—高升梯—八戒峰—骆驼峰—金鼠献瑞—龙头龟—龙凤呈祥—清水湖

生态休闲之旅

双龟迎宾—展旗峰—老人峰—蒋介石品铭台—将军楼—老鹰戏小鸡—忠魂石—高升梯—清水湖—数字疗养

祈福延寿之旅

南岩寺—龙门湖—弋阳卧佛—双岩寺

人文民俗之旅

方志敏纪念馆—叠山书院—文星塔—古戏台

神龟迎宾

走进龟峰，但见湖清溪翠，首先映入眼帘的是一左一右的两只巨大石龟，昂首伸颈屹立两侧，犹如一对迎宾礼仪龟，故名“神龟迎宾”。一道石拱桥倒映湖中，与蓝天白云形成一幅天然的山水画卷，此景曾在人民大会堂以国画形式展出。

神龟迎宾

老人峰

石峰突兀，拔地而起，因形似一拱揖打坐、泰然自若的老者，故而得名。此峰从不同的角度观赏，形态各异。“一看”为老人，“二看”如武士，“三看”像村姑背着竹篓，“四看”则形似一只憨态可掬的大熊猫，真可谓“移步换景，步移景异”。

老人峰

仙犬峰

仙犬峰位于三叠龟峰北300米，南与天柱峰、展旗峰为邻，东北紧依洪钟峰。其顶端形如一条眈眈相向、伸出长舌、前腿弓立、后腿蹲坐的仙犬，故而得名。仙犬峰与天柱峰组成了一幅妙趣横生的“仙犬守玉柱”的动人画面。

三叠龟

一座如劈似削的石柱，高达77余米，峰顶有三块形似乌龟的巨石相重叠，故而得名。

三叠龟

雄狮回首

此峰三面峭壁，一面陡坡，形若雄狮，故名。从正面看，雄狮眈眈相向，气势雄伟；绕侧后眺望，则俨然一只席地而卧、回首吼叫的猛狮，故又称“回首狮”。

雄狮回首

龟峰石林

站在好汉坡，回首西望，龟峰主景尽现眼前，那神龟与老人的互祝长寿、老鹰戏小鸡的谐趣、双剑双钗的高耸、绿意盎然的林海，令人不禁佩服大自然的鬼斧神工。

龟峰石林

卧波桥

透过熹微的晨光，在薄薄的雾霭之中，一条彩虹惊卧于清水湖上，远处的群山，已然从沉睡中醒来，微风徐徐，荡起万千涟漪，湖中的倒影，涤去了世间的尘嚣。

卧波桥

龟背石

这是一种沿砂岩层理面发育的多边形似龟背纹的地质现象，是尚未完全固结的岩石暴露于空气中发生收缩形成的一种成岩构造，反映当时气候炎热干燥，是丹霞地貌显著特征之一。

龙门湖

呈U形伸展，四面碧顶丹崖，映在清澈的湖水之中，透过清澈的湖水，可以一望到底。这里山水相依，山在四处盘绕，宛如条条巨龙，蜿蜒潜入水中。

龙门湖

仙女散花

此景壁面宽阔竖直，平整光滑如刀切。崖壁面有一小股山泉顺百米峭壁飞流而下，随风摆动，似颗颗银珠自天而降，若滴滴甘露洒向人间。

玉兔峰

此景岩块造型独特，恰似一只兔子，蹲坐山顶，栩栩如生。

玉兔峰

舍身崖

这座残余山体呈墙状，长条形。石墙南北两侧悬崖陡峭、十分险峻，是龟峰比较险要的景点之一，也是游客挑战自我的绝佳景点。

舍身崖

雄霸天下

这是巨大山体崩塌后残留的孤立石柱，直刺苍穹。从不同的角度看，该石柱表现出不同的形态造型，其雄伟大气，不言而喻。

雄霸天下

老人、神龟互祝长寿

“老人峰”和“三叠龟”合在一起形成了“老人、神龟互祝长寿图”。老人神态自若，慈眉善目，三只小龟憨态可掬，万世长存，给人以吉祥之感。每到月夜，银光洒落此景，更添无限祥和。

老人、神龟互祝长寿

老虎赶羊

老虎赶羊

两石一前一后，前者如惊恐万状、狂奔逃命的山羊，后者若凶猛异常、奋力追逐的老虎，虎头已接近羊尾，构成一幅虎赶羊群的惊险场面。

寿材峰

这是一长方形的石峰，酷似“寿材”，故当地人叫它寿材峰，取其“升官、发财”之意。

寿材峰

座熊峰

此景峰高7米，通体黝黑，酷似一只睫毛浓密、眯着眼睛的大黑熊，憨态可掬。

乌龟拉火车

在高峰顶上，有一只可爱的小乌龟，在乌龟后方有六七块方形巨岩，极像一节节的火车厢，称为“乌龟拉火车”，颇有趣意。

乌龟拉火车

锁春洞

此洞长77米、宽16.2米、高8.2米，是在1955年人工开凿的。穿过山洞，一帘春色尽展眼前。人们说，是这个山洞把春天留在了龟峰，故名“锁春洞”。

锁春洞

千年古樟

这棵树是唐乾宁二年（公元895年）高僧茂蟾在龟峰建瑞相寺时亲手所植，距今已有1117年历史。现在树高达30多米，主干树围7米，冠幅约36米。这株古樟，目前仍然枝繁叶茂，直而不空，实属罕见。

千年古樟

童子拜观音

右侧的观音，背靠石壁，面容庄严，神情肃穆。在其下方有一小石，形似跪着的童子，显得虔诚有加，正在对观音顶礼膜拜。该景主次分明，错落有致，布局恰到好处，观音的庄重和慈祥，童子的虔诚与执著，相得益彰。

童子拜观音

蟾蜍峰

此峰，眼珠暴凸、浑身黝黑、表皮起皱，就像一只张开大嘴、向天乞食的癞蛤蟆，称为蟾蜍峰。当地有诗云：堪笑蟾蜍不自量，终年开口向天张。天鹅自有冲天翅，凭尔痴心盼断肠。

蟾蜍峰

登云梯

又称“高升梯”，意为走上登云梯，成就大事伟业，升官发财。

登云梯

清水湖

总库容99.99万立方米，占地290亩，水位最深处达40多米，是龟峰景区专为游人开发的休闲湖。在清水湖游览，可观龟峰外景，置身其中，您会对龟峰的美景另有一番感悟！

清水湖

女王峰

此景颇像一位年岁较大，右手支颐的外国女王，故而得名。

女王峰

情侣龟

上下两块浑圆状岩块，顶部形如龟背，向外凸的岩片似两只乌龟头，整个景观好像一对亲密的雌雄巨龟。情侣双龟甜甜蜜蜜，窃窃私语，构成了龟峰极为别致的风景。

湖心亭

1983年在龟峰内湖湖心中间建的欧式亭子，飘逸飞角，流金溢彩，堂皇富丽。亭内设有石条座椅，供游人休憩。游人从亭子登舟游湖，轻舟荡漾，水花飞溅，别有一番风韵。

龟峰天然卧佛

龟峰天然卧佛坐落在龟峰风景区的中部，美丽的凤凰山下，蜿蜒的龙门湖畔。这座酷似佛祖涅槃的巨大山体，身长416米，轮廓清晰，比例适宜，柔和自然，卧态安详。据专家考证，是迄今为止所发现的世界最大的天然卧佛。

四声谷

人立于字下，面壁高呼，一呼三应，余音袅袅。这一自然现象曾以《回声》为题被载入初中语文教材。崖壁上的文字，为明代书法家王思任所题。

特色观赏和体验 UNIQUE SCENERY & FESTIVALS

弋阳腔表演

每逢双休日，可在景区内免费观看到国家非物质文化遗产——弋阳腔的表演。弋阳腔是我国四大声腔之一，是中国高腔戏曲的鼻祖，系中国戏曲的“活化石”。它继承了南戏的优秀传统，走民间戏曲的发展道路，以其独特的艺术风貌，自成一派。2006年6月，弋阳腔正式列入第一批国家级非物质文化遗产名录。

龟峰四季 SEASON

龟峰位于我国东部亚热带季风气候区，气候温暖，雨量充沛，四季分明。春秋季短，夏冬季长，春季雨水多，夏日多雷雨，秋天日照长，冬日多霜冻。其年均气温为17～18℃，最高气温的7月份平均气温为27.6℃，1月份气温最低，平均为5.6℃。

春日，龟峰上桃红李白，杜鹃争艳；炎夏，绿荫翡翠，流泉水清；金秋，丹枫如染，桂子迎宾；腊冬，银装素裹，寒梅怒放。不同季节有不同景色，给游客以不同情趣。

住宿 ACCOMMODATION

龟峰山庄

龟峰风景区内

0793–5842416

龟峰宾馆

龟峰脚下

0793–5842166

弋阳宾馆

弋阳县胜利路后山岭1号

0793–5982663

美食推荐 CUISINE

国道鱼

国道鱼

在320国道龟峰景区路口边，有一家“国道渔大酒店”，生意奇好。因其烧制的鱼，色鲜肉嫩、香辣可口，再加上价格不贵，而赢得了众多食客。电话：0793–5845536

农家乐

在龟峰景区路口与320国道交界处，有杨桥餐饮一条街。

龟峰扣肉

为蒋经国先生的特级厨师涂光明所传，是蒋经国先生爱吃的一道名菜。新中国成立后，涂光明回到家乡，传授并加以推广，故又名“经国扣肉”。它选用农家鲜猪五花肉、霉干菜等数种原料，经煮、炸、蒸等数道工序，“色、香、味”俱全，油而不腻。

弋阳年糕

以弋阳特产大禾米为原料，采用“三蒸二百锤”的独特传统工艺，糅合现代的生产技术精制而成。外观透明似玉、洁白如霜、油质发亮，口感不黏不腻、又韧又滑，被选为历代皇宫贡品。

购物指南 SHOPPING GUIDE

土特产品

滑而不腻的龟峰扣肉、色泽如玉的弋阳年糕、唇齿留香的曹溪米糖、健康绿色的叠山竹笋。

工艺、旅游纪念品

三叠龟石膏模型、龟峰景点水晶挂件、木质鸣蛙、龟峰木雕、龟峰石雕、野生小乌龟等。

三百山 风景名胜区

三百山位于江西安远县东南，是粤港居民饮用水——珠江水系东江的源头、江西南部唯一的国家级风景名胜区、首批全国“保护母亲河行动”生态教育基地、国家AAAA级旅游景区、国家级森林公园。

三百山国家级风景名胜区地跨安远欣山、凤山、镇岗、三百山镇、高云山乡五乡镇，总面积137.6平方公里，核心区面积58.99平方公里，最高峰东源峰海拔1169米。境内森林覆盖率高达98%，中亚热带常绿阔叶林自然生态系统保存完好，有116科2500余种木本植物及400余种野生动物，动、植物旅游资源十分丰富。三百山属寒武纪火山地貌，集火山构造、奇峰幽壑、清溪碧湖、飞瀑深潭、密林古树、珍禽异兽、怪石险滩、温泉等诸奇景于一体，熔清幽、奇秀、雄险、古朴等特色于一炉，是一处纯天然、高品位的风景名胜区。尤其是清澈秀丽的东江源、壮观密集的潭瀑群、保存完好的常绿阔叶林、无可挑剔的环境质量，堪称三百山的“四绝”。三百山国家风景名胜区由东风湖、九曲溪、福鳌塘、仰天湖、三叠潭五大景区和东江源温泉旅游度假区、东生围两大独立景点计165处景物景观组成。气势恢弘的福鳌塘瀑布被人们称为“东江第一瀑”；东风湖青山拱翠，俯影沉碧；九曲十八滩滩潭相接，步移景换；知音泉危崖矗立，双瀑对鸣，实为天下绝景；三叠瑶池三瀑三潭，远绝尘寰，真正人间仙境。

三百山国家级风景名胜区实行“山上游览、山下娱住”的双区开发建设理念。山下东江源温泉旅游度假区是三百山配套的游客中转、接待中心，目前建成有热泉河酒店、热泉河汤谷、温泉度假山庄、沿河餐厅、圆形酒吧、高尔夫练习场、网球场、篮球场、客家民俗文化广场、大型停车场等设施，即将建设完成的有度假区会议中心、餐饮娱乐中心、青年旅馆、滴水别墅区等，集商务、餐饮、住宿、购物及温泉度假休闲、康体疗养等为一体，赣南规模最大的综合性温泉旅游度假区。

管理机构：三百山风景名胜区管理局
地址：安远县科教文化大楼5楼
邮编：342100
电话（传真）：0797-3732330
邮箱：jxsayxlyj@126.com
http://www.sbsly.com
及http://www.300s.cn

三百山云海

MAP

三百山风景名胜区导游图

交通 出行宝典 TRANSPORTATION

（一）区外交通

三百山主要交通依托地之一是赣州市。赣州市建有C4级黄金机场，有直通北京、上海、广州、南昌、深圳、珠海、厦门等大城市的往返航班，游客乘飞机抵达赣州后，坐机场巴士（10元／人）到赣州汽车站，再乘客运车辆（52元／人）到安远后往三百山。

三百山距京九铁路定南火车站40公里，游客可乘铁路列车抵达江西定南火车站，再乘坐客运车辆中转后前往安远县三百山。

赣粤高速公路是我国高速公路网中的一条，是连接东北、华北及南方地区的主要通道，也是京港澳和京沪高速的辅助通道。三百山距离高速公路定南站入口只有40公里，外地游客可进入赣粤高速公路后在江西定南站出站后经省道安定线前往三百山。

为方便游客，景区在赣州（南昌方向游客）、定南（深圳、香港及广州方向游客）、寻乌（梅州及汕头方向游客）至三百山的公路上设置了20块外部专用交通标志牌。外地自驾游游客可进入105国道后从信丰县出口出经省道坪（信丰县）寻（寻乌县）线到风景区，或从龙南县出口出往定南县经省道安定线到风景区。

此外，安远县至赣州市为169公里，行车里程2.5小时，赣州汽车站每天以半小时一班的频率发送客运车辆（52元／人）到安远，安远县城已开通了至三百山的旅游专线公交车（10元／人），营运时间为每天8:00—17:00，以满足游客的旅游交通需求。

区域交通图

（二）区内交通

1.为方便游客，三百山内提供电瓶观光车接送及自行车租赁服务。电瓶观光车接送服务在东江源温泉温泉度假区内免费，自行车租赁为20元／小时。

0797-3708888

2.整个景区每个景点的游览线路的进出口都分立设置且指示清楚，各景点之间的游步道平缓安全、路面整洁宽阔且首尾相接，形成环路，有利于扩大观赏面。

旅游服务 TRAVEL SERVICE

1．游客中心

三百山风景名胜区设置有2处游客中心。第一处坐落于景区入口大门处，占地面积10亩，第二处游客中心位于东江源温泉旅游度假区内。游客中心建有旅游星级公厕、旅游购物商店，设置有导游全景图、浏览图、游客游览须知。中心内设有影视厅、触摸屏、游客休息设施，提供风景区宣传资料、游程线路图、导游服务、饮料、纪念品服务。另建有咨询台及信息咨询系统，提供游客查询、信息咨询服务，并明示景区投诉、救援电话，同时配备特殊人群服务项目，提供轮椅、童车、拐杖等。

游客中心

2. 景区门票价格

三百山风景名胜区门票价格为50元/人，山下东江源温泉旅游度假区热泉河汤谷接待中心出售汤谷门票，价格为148元/人。

3. 相关电话

游客投诉 0797–3732330、3708888

东江源温泉度假区救援 0797–3708888

热泉河汤谷救援 0797– 3708681

订餐 0797–3708888

导游服务热线 0797–3708888转8007

精品线路

三百山

福鳌塘—天印奇松—天台—东江第一瀑—观音瀑—金龟饮泉—知音泉—龙潭—东江源温泉旅游度假区（江西第一杉—热泉河汤谷体验温泉浴—景区各项大型景观）—脐橙果业基地（观橙、采橙、购橙）—东生围（中国最大的客家方形围屋）

福鳌塘

东江第一瀑

东江第一瀑瀑布落差近百米，气势雄伟，是东江源三百山风景区的标志性景观。

东江第一瀑

知音泉

为双瀑合流，北侧的瀑布落差10余米，三坎三曲。南侧的瀑布五叠，落差百余米。

知音泉

龙潭

位于福鳌塘下游4公里处，有一圆形的深潭，潭面宽阔，水清见底，潭四周峭壁突兀，地形奇特，置身其间，疑入仙境。

龙潭

天印奇松

山顶裸石突兀成台，台上四个方形石柱高低大小各异，颇似图章，称之天印。旁边石缝中一棵松树倔强地生长其间，生机勃勃，谓之奇松。是遍览林海风光的绝佳去处。

天印奇松

三百山林海

三百山由300多座山头构成，群岭逶迤，层峦叠嶂，雄峻秀美。主峰海拔1169米，自然环境古朴、清寂、幽静。登高远眺，只见青山叠翠，林海茫茫，一望无际，令人心驰神往。

清心泉（师椅飞泉）

距福鳌塘中心区6公里处。该处瀑布三坎三叠，形如太师椅，落差50余米，潭面宽阔，水清见底，气势恢弘。

清心泉

东风湖

位于三百山西部入口处，为东江源头的一座中型水库,库容量1100万立方米，面积为0.52平方公里，两岸青山滴翠，绿树掩映。游人可在此乘船入山，饱览山光水色。

东风湖

江西第一杉

在温泉自然出露点旁，有一棵百年以上树龄的老杉树，树干巨大，需6人以上才能将树干合围过来。

江西第一杉

东生围

东生围是中国最大的客家方形围屋（又称“土围子”）。是中华客家人心态在建筑艺术中的典型反映。

东生围

特色观赏和体验 UNIQUE SCENERY & FESTIVALS

三百山生态旅游节

在十一月或十二月举办，是三百山风景区举办的规模最大、邀请人数最多的旅游盛会。

三百山温泉节

在四月或十一月举办，通过节会大力推介三百山风景区的自然生态观光游及东江源温泉旅游度假区的温泉休闲养生游。

三百山脐橙节

节会在脐橙成熟时期举行，主要内容为结合三百山风景区旅游项目，增加摘橙、尝橙、脐橙产业观光等果业项目的考察观光。

另外，三百山周围居民均属客家，在民居、服饰、饮食、语言、民乐、婚嫁、丧葬等各方面都有独特之处。赣南采茶戏、婚嫁习俗、客家擂茶、做粄技艺等表演独具客家魅力，客家民居“围屋”构成奇特的客家民居文化景观，驰名海内外。

三百山四季 SEASON

三百山处于武夷山脉、南岭山脉的交汇地带，属亚热带的南缘，呈典型的亚热带丘陵山区湿润季风气候。风景区四季分明，季相明显，光热充足。年平均气温为15.1℃，最冷月（1月）平均气温5.8℃，最热月（7月）平均气温23.3℃。春天气温凉爽但变化较大，宜备单衣单裤；夏季气温回升且较稳定，降雨较多，宜备短裤、T恤及雨具；秋季气候宜人，宜备单衣单裤外带一件薄外套；冬季山上变冷，穿毛衣另备有一件防寒服即可。

住宿 ACCOMMODATION

热泉河酒店

江西省安远县三百山镇虎岗村东江源温泉旅游度假区

0797—3708888转8006、8007

豪华房：698元/间（含双人热泉河温泉门票）

安远迎宾馆

安远县濂江路66号

0797—3726421

价格：286元/间

安远大酒店

江西省赣州市安远县工业园大道115号

0797–3785068、3785088

价格：196元/间

日豪商务大酒店

三百山大道无公害脐橙大市场内

0797–3785688、3785668

价格：138元/间

汇通商务宾馆

欣山大市场濂江路C栋

0797–3729906

价格：60～80元/间

东江源酒店（三星农家旅馆）

三百山镇虎岗村

0797–3708288

价格：60～100元/间

亿佳商务宾馆

安远县美食街41号

0797–3720606

价格:78～98元/间

流芳商务宾馆

安远县美食街29号

0797–3731599

价格：50～70元/间

（以上价格以实际为准）

景区内露营

0797–3708888转8007

热泉河酒店

特别提示

一是客人要按照风景区指定的区域选择露营地；二是在搭帐篷之前，必须仔细勘察地势，一旦发现营地上方有滚石、滚木以及风化岩石的迹象，择点另搭帐篷；三是雷雨天不要在景区山顶或空旷地上安营，以免遭到雷击；四是夏天雨季不能在景区内的河滩、溪边及山谷地带建立营地，以防被突如其来的洪水冲走；五是在景区露营前一定要关注景区当地及景区内河流上游地区的气候、水文情况，宿营时要注意在离水面几米高的高地上搭帐篷，不要选择雨水通道，要选排水良好的地方，还要选择危险时可逃生的路径。

美食推荐 CUISINE

假燕、酿豆腐、园粉、泥鳅粄、烫皮、五香粄干、黄金片、酿粄、炸薯包。

假燕

烫皮

黄金片

酿粄

购物指南 SHOPPING GUIDE

工艺品、旅游纪念品

主要为根雕、木竹及三百山邮政明信片、首日封、邮册等工艺品、旅游纪念品，为馈赠佳品，有极好的纪念和收藏价值。

土特产品

当地知名的土特产品有20余种，其中以三百山的各类菇菌（香菇、灵芝、红菇、竹荪等）、高山茶油、天然蜂蜜、脐橙等最负盛名。

三百山纪念邮票

脐橙

梅岭—滕王阁（梅岭）风景名胜区

梅岭，江南最大的“飞来峰”，中国古典音律和道教净明宗的发源地，全国十三大避暑胜地之一。位于省会城市南昌西北郊15公里，是国内省会城市中罕见的大型国家级风景名胜区。面积约143.58平方公里，主峰洗药湖海拔841米。自古以来，洪崖丹井、西山积翠、狮子峰、神龙潭、铜源峡，就是文人骚客争相题咏的著名景观。龙腾的山脉、幽深的谷壑、蜿蜒的溪涧、旖旎的峰峦、变幻的云海、如梦的佛光、星罗的湖泊、腾泻的瀑布构成了她“雄、秀、奇、幽”的自然特色。翠岩禅寺、天宁古寺等千年古刹及众多的寺庙宫观、书院义塾遗址，更显出梅岭文化的博大精深。道书《云笈七签》称其为“第十二洞天”、“二十福地”。鼎盛时期，佛、道、儒三教在梅岭建寺、庙、观、坛136处，立书院、义塾24座，僧、道、学子数千人，留下名诗佳作2000余篇。

梅岭有自然和人文景点120多处，已经对外开放的有洪崖丹井、神龙潭、狮子峰、长春湖、紫清山、梅岭主峰、梅岭漂流、翠岩寺、天宁寺、洗药湖避暑山庄等10个景点。

管理机构：南昌市梅岭风景区管理局
地址：湾里区幸福路253号
邮编：330004
电话（传真）：0791–83760263

梅岭

交通 出行宝典 TRANSPORTATION

（一）区外交通

梅岭风景区位于南昌市郊的湾里区境内，距南昌城区中心仅15公里，区位优势明显，交通条件便捷。福银、沪昆高速公路和105、316、320国道在南昌交汇，西外环高速可直达景区。京九与浙赣铁路由南昌市区穿越，赣江流经南昌西部由鄱阳湖注入长江，昌北机场位于南昌北郊的乐化镇。

风景名胜区与南昌等周边地区及外围交通干线交通联系便捷。南面有昌湾、红湾、云湾三条至南昌公路及由幸西公路至西山万寿宫接320国道；北面由梅岭、太平分别有店罗、蛟万公路接南安快速路（105国道）；另外，东、西有蛟万、湾麦和红星—石鼻公路可达105（316）国道和安义石鼻古村。

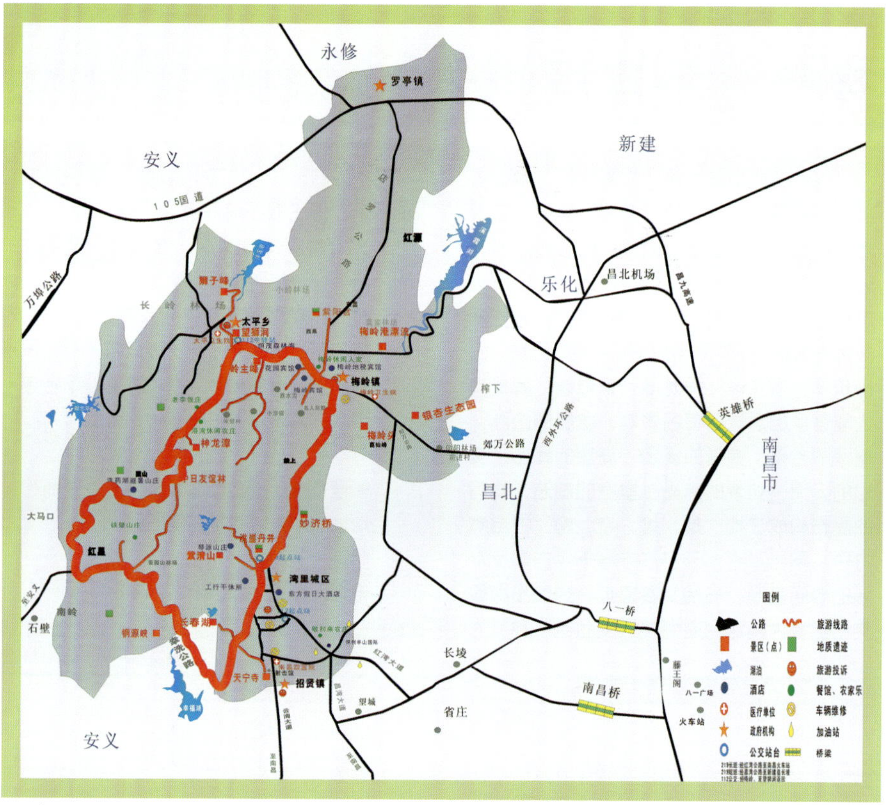

区域交通图

另外，南昌市区有219路、222路开往景区（15分钟1班）。

（二）区内交通

景区内公交：112路，路线：湾里区井冈山—湾里区委（洪崖丹井、紫清山）—紫阳宫—梅岭主峰—望狮涧·狮子峰（112路终点站）—神龙潭（全长11公里）。

起点站首末车时间：06：30—18：30，终点站首末车时间：06：30—18：30

票价：1元/人。

景内公路、游步道基本情况：风景名胜区现状游览公路和游步道系统较为完善。沿湾里、梅岭、太平、红星形成了主要环形游览公路，修建有至各接待点、居民点和主要景点公路。

旅游服务 TRAVEL SERVICE

旅游投诉 0791—83760263

特别提示

梅岭风景区山区公路、景区游步道旁遇特大暴雨天气有轻微山体滑落、坠石或路边下方塌陷现象。行驶、游玩应注意避过暴雨期后小心行走。游客进入景区应按景区导游图行进，切记不要轻易穿越无游步道的森林、沼泽，以免迷失方向及受到野生动物袭击。

梅岭—滕王阁(梅岭)风景名胜区导游图 MAP

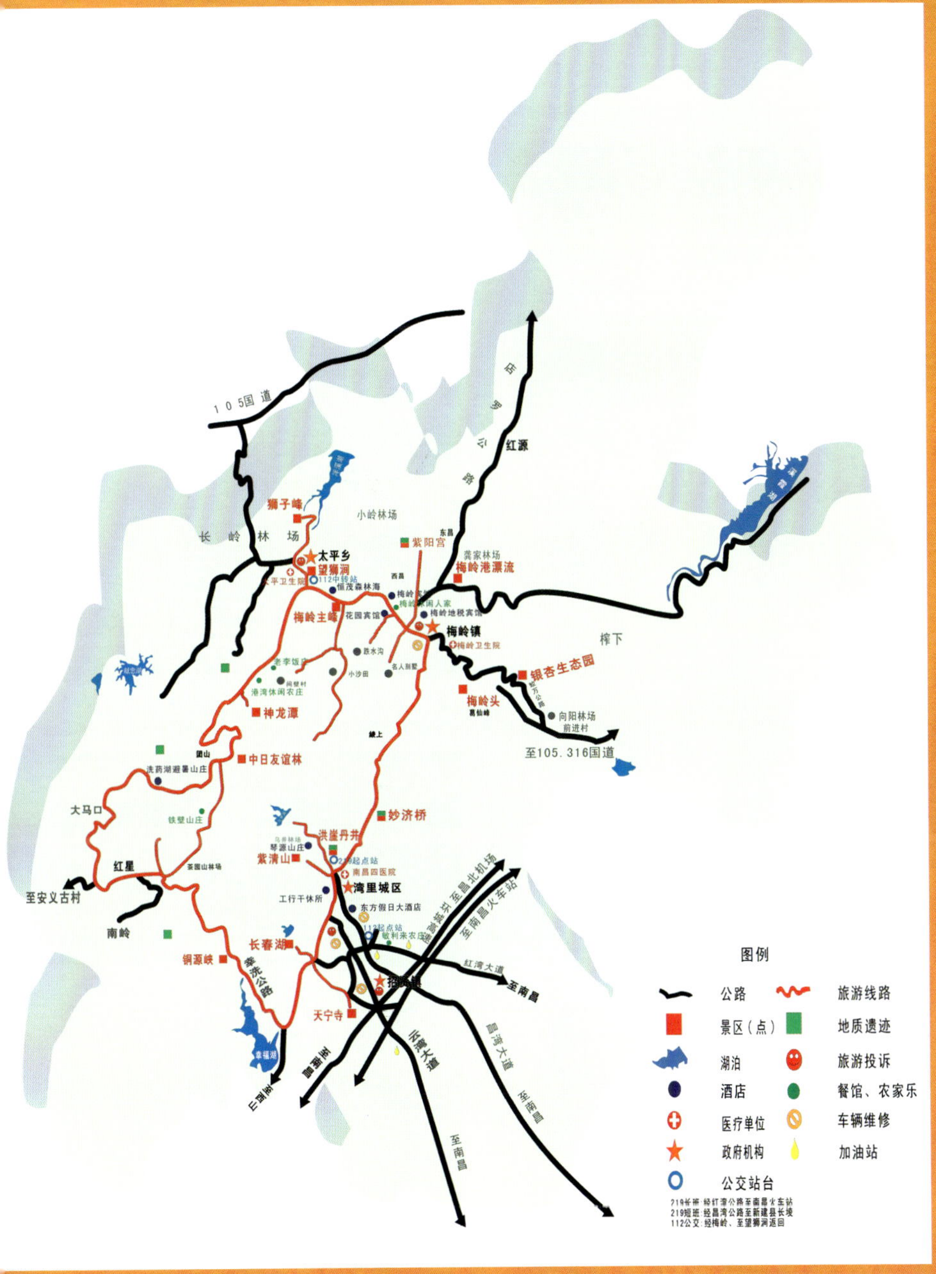

精品线路

洪崖丹井—梅岭头—紫阳宫—望狮涧—狮子峰—神龙潭—洗药湖—铜源峡—幸福湖

洪崖丹井

根据历史记载，黄帝乐臣伶伦——洪崖先生，曾在此凿井五口，汲水炼丹，创制音律，尊为中国音乐鼻祖。隋朝开皇九年，全国统一命州，因洪崖所在，改豫章郡为洪州。

洪崖石刻

洪崖丹井

长春湖

相传为许真君锁蛟之处。有长春湖瀑布、观音洞、清风池、桃花溪、松雪洞等景点。景区内还有一片树形高大、枝干像国槐般弯曲遒劲的苦槠林，是润肺生津的“凉粉”原料。

长春湖瀑布

神龙潭

神龙潭藏在深山峡谷之中，两崖对峙，翠竹蔽日，涧水潺缓，击石而流。溪水从20多米高的断岩上飞流直下，落入深潭，大有山雨来时群峰动之感。瀑布上游，有三株需数人合抱的珍稀树种——南方红豆杉。

红豆杉

神龙潭

狮子峰

狮子峰有黄山之险，崖壁峭绝，险峻难攀。峰下有石壁阁，巨岩中有两座石室，一名壶芦，一名蝴蝶。壶芦洞在左，初入狭隘，进而开旷如室，可容数百人；蝴蝶洞在右，蜿蜒入石室，光洁宽广。相传明朝少保刘廷将军在此葬母。

狮子峰

紫阳宫

紫阳宫全部用花岗石砌成，石屋巍峨，建筑华丽，宫内供奉邓禹石像。两侧石柱之上，刻着一副对联：“一窍道通冲北极，万年仙境镇西山。”

紫阳宫

洗药湖

是南昌近郊的避暑胜地，海拔841.4米，云海日出、佛光、雾凇、雨凇是洗药湖的奇观。相传明朝名医李时珍携弟子在此采药、洗药，故名洗药湖。

云海日出

特色观赏和体验 UNIQUE SCENERY & FESTIVALS

自然景观

雾凇、雨凇、雪凇、瀑布云等气象景观

最佳观赏地点：洗药湖、天净湖、中日友谊林（防火台）、梅岭主峰

雾凇、雨凇、雪凇最佳观赏时间：农历十二月～二月初

瀑布云最佳观赏时间：夏季暴雨初晴

野生杜鹃、紫鹃

最佳观赏地点：中日友谊林、天净湖、梅岭主峰、梅岭头、铜源峡公路两侧（红鹃）、 太平团山（紫鹃）

最佳观赏时间：清明前后（4～5月份）

野生山茶花

最佳观赏地点：落马岭、梅岭头、中日友谊林、铜源峡卫东村、红星田尾

最佳观赏时间：农历二至四月份

樱花

最佳观赏地点：洪崖丹井景区内乌井村

最佳观赏时间：3月中旬～4月中旬

雪梅

梅岭杜鹃

紫鹃

樱花

山茶花

历史文化

关公灯

据传三国时期，因关羽感念当其在曹营时曹操“三日一小宴、五日一大宴”、“上马一锭金、下马一锭银”之情，不顾与军师孔明立下的军令状，华容道毅然放走曹操。曹操及后代感激关羽对曹氏家族的深厚恩德，制作“关公灯”在元宵节期间世代演示。其场面宏大、热闹、乡俗浓郁，深受乡间群众喜欢。

地点：湾里罗亭镇上板曹家村

时间：每年正月十四日

关公灯

板凳龙

湾里区招贤镇田蒲胡家村，每到元宵节就有盘龙灯闹元宵的习俗，这时家家户户悬挂彩灯，各户一条板凳，每条板凳上置八角酒坛灯笼六盏，糊灯的棉纸上写着“国泰民安”、“风调雨顺”等吉庆词，画有山水花鸟等吉祥物，在灯内红烛照耀下，五彩缤纷。田蒲胡家村板凳龙的表演特征可归纳成“长、众、亮、阵、盘”五个字，这条“板凳龙”长近1000余米，由4200多个花灯和700条板凳连接而成，由两班鼓乐引路，爆竹声声，焰火飞舞，场面极为壮观。

地点：湾里区招贤大道

时间：每年正月十四日

板凳龙

梅岭四季 SEASON

梅岭风景名胜区属亚热带温湿东南季风气候区，区内日照少，气温低，云雾降水多，空气湿度大，负氧离子含量高，风速小，气候垂直变化大，四季分明，冬寒夏凉，春秋气候宜人，具有典型的山地气候特征。景区年平均气温14.5～17.6℃，一月份均温4.0～5.0℃，七月份均温25.5～27℃。梅岭之巅洗药湖，七月份最高气温33.4℃，最低气温15.8℃，一月份气温0.6～1℃，极端低温为零下12℃，因而多雾凇、雨凇、雪凇。

游客穿衣提示：

梅岭之巅洗药湖昼夜温差大，多雾雨天气，上山旅游注意防雨、防冻。其他景区各季节气候与南昌市周边相近，随季着衣。

梅岭杜鹃

山茶花

住宿 ACCOMMODATION

宾馆名称	房间			联系电话（0791）	酒店地址
	房间价格（元）				
梅岭地税宾馆	标间	套间	别墅	83789388	港湾休闲农庄
	268	408	1688、2288		
恒茂森林海	单间	标间	套间	83789666	梅岭镇（梅岭主峰旁）
	268	268	478		
琴源山庄	标间	三人间	套间	82076666	梅岭镇（梅岭主峰旁）
	168	198	468		
东方红假日酒店	标间	双人间	套间	83769666	梅岭镇（梅岭主峰旁）
	175	166	460		
敏利来农庄	标间	双人间	套间	83785778	红湾公路（火盘村旁）
	120	160	480		
港湾休闲农庄	标间			83796789	梅岭镇（神龙潭旁）
	100				

以上价格以实际为准

美食推荐 CUISINE

地木耳、蕨菜、松菇、鸡爪菇、笋、野芹菜、山药、地菜、椿芽等野生植物是景区天然的山珍资源，配上原生态种植蔬菜及生态喂养的山羊、土鸡、土猪、水库鱼等烹饪出的菜肴，深受游客喜爱。铁壁绝味羊肉、蕨菜扣肉、乡村汗蒸鸡、公鸡烧牛鞭、土灶土鸡汤、铁壁泉水鱼、鱼羊鲜等菜肴，是景区的特色菜。

汗蒸鸡

铁壁羊肉

购物指南 SHOPPING GUIDE

“彩竹”工艺花瓶和竹雕、根雕等竹木工艺品系列，三宝一绝（葛粉、笋干、栀子花、蕨菜），洗药湖云雾茶，山茶油。

洗药湖茶

竹根雕（渔翁正面）

彩竹工艺花瓶

梅岭—滕王阁（滕王阁）风景名胜区

滕王阁，与黄鹤楼、岳阳楼并称江南三大名楼，唐永徽四年（公元653年），唐太宗之弟滕王李元婴任洪州都督时所建，因初唐诗人王勃所作《滕王阁序》而名传千古。韩愈曾赞道："江南多临观之美，而滕王阁独为第一，有瑰伟绝特之称。"故又素享"西江第一楼"之美誉。

滕王阁建筑群，坐落在南昌市沿江路赣江与抚河故道交汇处，占地4.16公顷，依城临江，滨邻南浦，距唐代阁址仅百余米。现存的滕王阁是一座大型仿宋式古建筑，主体建筑共9层，重檐歇山式大屋顶，净高57.5米，底层平面为十字交叉形，南北长80米，东西宽140米，建筑面积13000平方米；其下部为象征古城墙的12米高台座，台座以上取"明三暗七"格式；其两翼为对称的一级高台，高台上部为游廊；游廊南端为压江亭，北端为挹翠亭。整个建筑为钢筋混凝土仿木结构，主阁碧瓦重檐，斗拱层叠，画栋彩柱，雕门透窗，保有唐阁"层台耸翠，上出重霄，飞阁流丹，下临无地"的雄伟气势。

滕王阁内部陈设与建筑形成一个艺术整体，突出了文化楼阁的特征，蕴藏着源远流长的民族文化内涵。主阁台座之下B层，辟有滕王阁华夏圣旨博物馆；台座之上为主阁6个游览层，即3个明层3个暗层，主要展示中华文明之光、赣文化之光和滕王阁自身的文化。主阁正门巨联"落霞与孤鹜齐飞，秋水共长天一色"为毛泽东生前手书。其余楹联匾额，或集古人书法之精华，或为当今书画家之珍品。阁中有不少大型壁画，集中体现了"物华天宝"、"人杰地灵"的主题。丹青、翰墨两厅为艺术家们提供了高雅的创作环境。在最高层展演厅为游客进行仿古演出。

星移物换，人世沧桑，滕王阁迭废迭兴达28次之多。1989年10月8日（重阳节），第29次重建的滕王阁竣工落成，先后获得全国文明风景旅游区示范点、国家AAAA级旅游区（点）、全国三八红旗集体、全省文明风景旅游区、建设系统目标管理优胜单位、全国文明风景旅游区工作先进单位、江西省"十大文明风景旅游区"等荣誉。

滕王阁，华夏古代文明的象征！

滕王阁，举世瞩目的历史名楼！

管理机构：南昌市滕王阁管理处

地址：南昌市仿古街58号

邮编：330008

电话：0791—86702055

传真：0791—86704972

邮箱：454474064@qq.com

http://www.cntwg.com

滕王阁

MAP

梅岭—滕王阁（滕王阁）风景名胜区导游图

交通 出行宝典 TRANSPORTATION

（一）区外交通

南昌昌北机场是一座新建的现代化空港，它位于南昌市以北26公里处，南接昌樟高速公路，北连昌九高速公路，从景区出发30分钟可达机场。

南昌火车站坐落在市内二七路与站前路交汇处，从景区出发10分钟可达火车站。

昌九高速公路进、出口处在南昌北，离新八一大桥3.5公里，距离景区15分钟车程。昌樟高速公路进、出口在省庄，离南昌大桥3公里，只要12分钟车程。

（二）区内交通

公交2、游2、游1、7、8、26路可达。南昌市区内乘1路、201路公共汽车，801路、806路中巴可达。

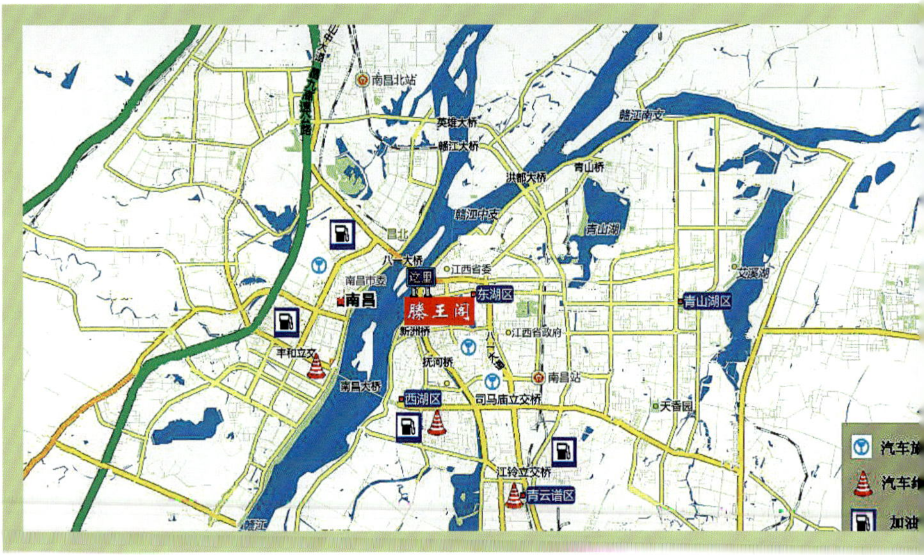

区域交通图

旅游服务 TRAVEL SERVICE

门票价格：景区门票价格每人50元，一票入园制

讲解时间：上午10：00和下午15：00

讲解地点：主阁内各楼层服务台

精品线路

循南北两道石级登临一级高台。一级高台的南北两翼，有碧瓦长廊。长廊北端为四角重檐挹翠亭，长廊南端为四角重檐压江亭。从正面看，南北两亭与主阁组成一个“山”字；而从飞机上俯瞰，滕王阁则有如一只平展两翅，意欲凌波西飞的巨大鲲鹏。

一级高台朝东的墙面上，镶嵌石碑五块。正中为长卷式石碑一幅，此碑由八块汉白玉横拼而成，约10米长、1米高，外围以玛瑙红大理石镶边，宛如一幅装裱精良的巨型长卷。此碑碑文为今人隶书韩愈的《新修滕王阁记》。长碑左侧为花岗石《竣工纪念石》及青石《重建滕王阁纪名》碑，右侧为花岗石《奠基纪念石》及青石《滕王阁创建纪年》碑。

由一级高台拾级而上，即达二级高台（象征城墙的台座）。这两级高台共有89级台阶，而新阁恰于1989年落成开放。二级高台下部即为滕王阁主阁B层大厅，现开辟为滕王阁华夏圣旨博物馆，北厅是末代帝师朱益藩遗物陈列馆。

华夏圣旨博物馆

二级高台与石作须弥座垫托的主阁浑然一体。由高台登阁有三处入口，正东登石级经抱厦入阁，南北两面则由高低廊入阁。正东抱厦前，有青铜铸造的“八怪”宝鼎。由东抱厦的正门入阁，门前红柱上悬挂着一幅4.5米长的拱联：“落霞与孤鹜齐飞，秋水共长天一色。”此乃毛泽东同志生前手笔。

走进大厅，扑入眼帘的是一幅汉白玉浮雕——《时来风送滕王阁》。这是根据明朝冯梦龙所著《醒世恒言》中的名篇《马当神风送滕王阁》的故事而创作的。一楼西厅是阁中最大厅堂，为唐朝衙署陈设。厅内左侧陈列有“銮驾”礼器，右侧陈列了编钟、编磬。西梁枋正中挂有“西江第一楼”金匾，厅内月柱上悬挂多副出自名家手笔的楹联。

汉白玉浮雕

第二层是一个暗层，采光和通风均靠人工解决。此层的陈设，体现的是“人杰”的主题。正厅的墙壁上，是大型丙烯壁画《人杰图》。进入西厅的门楣上，横挂“俊采星驰”金匾，与《人杰图》浑然一体。西厅为滕王阁文物藏品展厅，陈列有明清时代、民国时期许多与滕王阁相关的极有价值的文物，如青花瓷、瓷板画、木雕和砖雕等。

第三层是一个回廊四绕的明层，也是阁中一个重要层次。中厅屏壁有丙烯壁画《临川梦》，取材于汤显祖在滕王阁排演《牡丹亭》的故事。万历二十七年，汤显祖首次在滕王阁上排演了《牡丹亭》，开创了滕王阁上演戏曲之先河。西大厅为“古宴厅”，西边梁枋挂一金匾，上书

精品线路

"临江一阁独秀"；东墙上有铜浮雕《唐伎乐图》，画面着力塑造了三位唐代舞伎表演《霓裳羽衣舞》的情景。

《临川梦》

第四层与第二层从建筑上看是相似的，也是一个暗层。此层主要体现"地灵"的主题。正厅的墙壁上，是丙烯壁画《地灵图》，集中反映了江西名山大川自然景观的精华。西厅为滕王阁古文献展，主要展示历代滕王阁图片、《滕王阁诗文广存》等与滕王阁有关的历史文献以及部分地方古文献资料。

第五层与第三层相似，也是一个回廊四绕的明层，是登高揽胜、披襟抒怀、以文会友的最佳所在。东厅西墙上悬嵌了两幅大型陶瓷壁画，左边为《吹箫引凤图》，右边是《西山待渡图》。东厅两侧，为"翰墨"、"丹青"二厅。中厅正中屏壁上，镶嵌着用黄铜板制作的王勃《滕王阁序》碑，近10平方米，乃苏东坡手书。西厅东壁悬挂磨漆画《百蝶百花图》。选此题材，乃是根据滕王李元婴爱蝶、绘蝶之雅事。

《百蝶百花图》

第六层是滕王阁的最高游览层。其东、西重檐之间，高悬苏东坡手书"滕王阁"金匾各一块。大厅中央，有汉白玉围栏通井，下可俯视第五层，其上方正对一圆穹形藻井，寓含天圆地方之意。西厅称为"仿古展演厅"，是一座小型戏台。戏台上陈列有极为珍贵的古乐器复制件，深寓歌舞兴阁之意。大厅南北东三面墙上，嵌有大型唐三彩壁画——《大唐舞乐》。

仿古展演厅

滕王阁华夏圣旨博物馆位于滕王阁主阁B层大厅，于2003年9月22日成立并对外开放。馆内东厅、南厅收藏着明清圣旨数十道。此外，厅内还陈列了有关科举考试的较为详细的资料，另有清代进士、状元等书法楹联匾额500余件以及雕刻精细的圣旨匾10余件，明清龙袍及宫廷、官宦、民俗诸色用品1000余件。圣旨馆中厅陈列了黄杨木雕唐、宋、元、明、清滕王阁历代模型。此外，还陈列了一座滕王阁铜制模型，又叫阁中阁，按1：25的比例制作，台座乃是采用桂林白矾石打制，"金阁"由江西铜工艺品厂铸造。北厅是末代帝师朱益藩遗物陈列馆。

特色观赏和体验 UNIQUE SCENERY & FESTIVALS

仿古演出

地点：主阁六楼

时间：每日8：30、9：20、10：10、11：00、14：30、15：20、16：10、17：00

滕王阁四季 SEASON

景区位于南昌城市中心，南昌气候湿润温和，属亚热带季风区，雨量充沛，四季分明，春秋季短，冬夏季长。年平均气温17～17.7℃，极端最高气温40.9℃，极端最低气温零下15.2℃，年平均相对湿度为78.5%。

住宿 ACCOMMODATION

南昌市内宾馆住宿接待能力良好，拥有从星级宾馆到经济型酒店等各类型宾馆数百家。

美食推荐 CUISINE

南昌米粉、石头街麻花、街头麻辣烫。

购物指南 SHOPPING GUIDE

滕王阁铜制模型、滕王阁木雕、滕王阁瓷盘、滕王阁水晶模型挂件、滕王阁赣绣等。书籍十多种，包括《滕王阁史话》、《滕王阁旅游大观》等。在滕王阁G层大厅开辟有江西名优产品展示厅，集中展示江西的名优土特产品和旅游工艺品，为游客打造一个高品质的旅游购物场所。

武功山（宜春明月山）风景名胜区

武功山（宜春明月山）位于江西省西北部，宜春市中心城西南18公里处，属武功山山脉东北端，为武功山的主入口。它西接萍乡市的芦溪县，南连吉安市安福县，东、北面靠着宜春市中心城，风景区面积186平方公里，核心景区80平方公里。

明月山主要由太平山、玉京山、老山、仰山等十几座海拔千米以上的山峰组成，主峰太平山，海拔1735.6米。因其整个山势呈半圆形，恰似半轮明月，故称明月山。明月群山，巍峨壮观，千姿百态，有的以绮丽著称，有的以雄秀见长，有的以险峰争奇，有的以幽静取胜。明月山景色，贵在天然。茫茫云海，山野天池，猕猴出没，有“绝壁惊人，怪石争奇，苍松斗妍，山花织锦”四绝，以峰、瀑、洞、石闻名。境内层峦叠嶂，怪石林立；山花吐艳，苍松傲然。处处飞禽走兽，花香鸟语；满目石径苍苔，流泉飞瀑。身临其境，如入仙境。

明月山共有五个景区和一个度假区，即以云谷飞瀑、千丈崖绝壁为主要特色的潭下景区；以太平山日出、高山草甸、奇峰怪石为主要特色的太平山景区；以青云崖绝壁及青云崖气象奇观为主要特色的青云景区；以禅宗文化、民俗风情为主要特色的仰山景区；以珍稀植物、丛林野趣为主要特色的玉京山景区以及以温泉疗养、度假、休闲、娱乐为主要特色的温汤温泉度假区。

明月山于1985年12月被江西省人民政府批准为省级风景名胜区，2005年12月被国务院批准为第六批国家级风景名胜区。

管理机构：明月山温泉风景名胜区管委会
地址：宜春市温汤镇温泉大道
邮编：336007
http：//www：myswq.com

田园诗画

MAP

明月山风景名胜区导游图

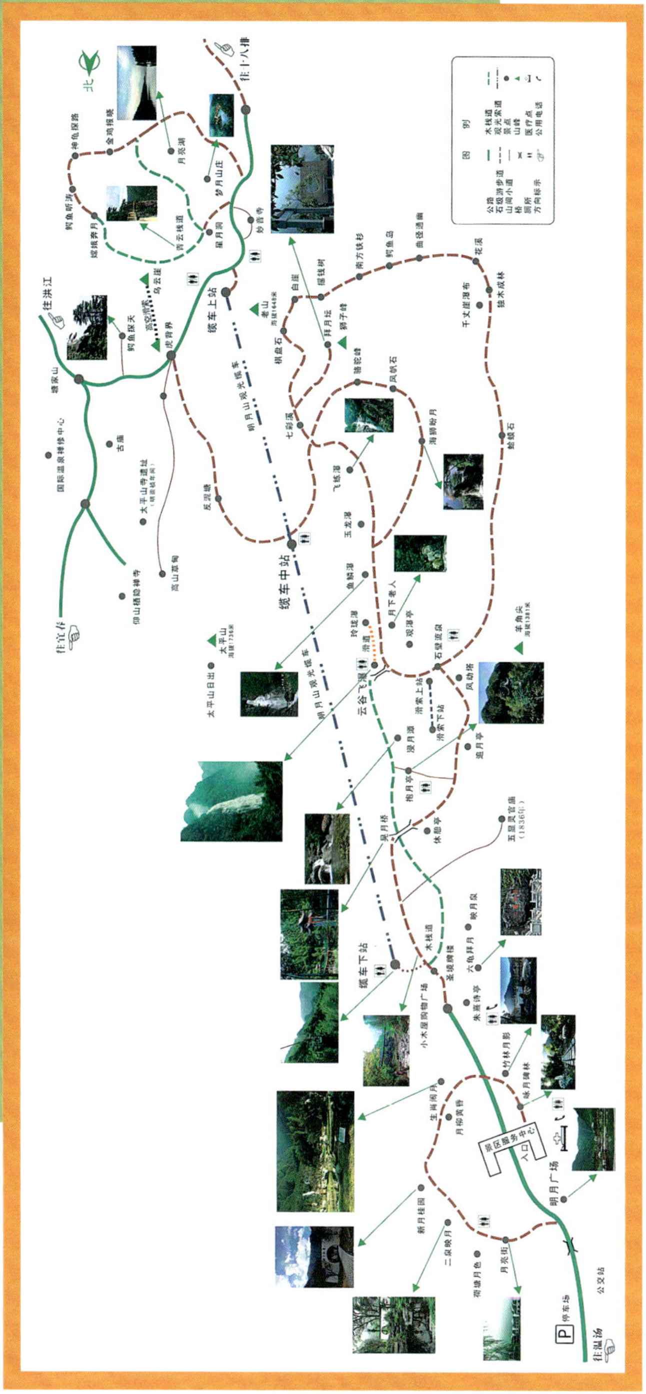

交通 出行宝典 TRANSPORTATION

明月山风景名胜区所在地宜春离南昌昌北机场和长沙黄花机场都不过200公里，交通很方便。

宜春是浙赣线上的一个国家二级站，基本上有通往全国各地的班次。在这里乘火车可直达北京、上海、广州、重庆、杭州、福州、昆明、长沙、南京、南昌、九江等城市。

1.杭州至明月山（ 全程762.3公里）：杭州(杭新景高速、杭金衢高速)—上饶（梨温高速）—南昌（昌樟、昌金高速）—宜春（宜春出口下）—明月山。

2.广州至明月山（全程737.2公里）：广州(广惠高速）—惠州（赣粤高速）—赣州（广大高速）—吉安（广大高速）—新余（沪昆高速）—宜春（宜春出口下）—明月山。

3.上海至明月山（全程936.1公里）：上海（沪杭高速）—杭州(杭新景高速、杭金衢高速）—上饶（梨温高速）—南昌（昌樟、昌金高速）—宜春（宜春出口下）—明月山。

4.长沙至明月山（全程250公里）：长沙（京珠高速）—株洲（潭醴高速、昌金高速）—宜春（西村出口下）—明月山。

5.武汉至明月山（全程533公里）：武汉（京珠高速）—长沙（京珠高速）—湘潭（潭醴高速、昌金高速）—宜春（西村出口下）—明月山。

游客到达宜春市后，可在宜春汽车站乘坐公交车到达明月山。时间为早上6：50至下午17：20，每15分钟有1班。票价：8元/人。

旅游服务 TRAVEL SERVICE

门票：120元/人

讲解费：对预订旅游团队实行免费讲解。对散客讲解按游程收费，即从景区入口处到缆车中站，讲解费为60元/次；从景区入口处到山顶月亮湖，讲解费为80元/人

缆车：上行55元/人，下行50元/人

电瓶车，10元/人1趟(在景区停车场、朱熹诗亭和缆车上站、月亮湖景点均有电瓶车)

青云栈道

起于星月洞，止于月亮湖，全长1700余米，横挂于青云崖绝壁之上，长年云雾缭绕，犹如虬龙盘山，蔚为壮观，行走其上，有平步青云之感，故名青云栈道。

青云栈道

云谷飞瀑

瀑布落差119.57米，是江南第一高瀑，因山顶长年处于云雾缭绕之中，瀑布之水如从云层中泻出，因此得名“云谷飞瀑”。峭壁上刻的“云谷飞瀑”四个大字是由原中国书法家协会主席沈鹏先生题写，每个字都是5米长、5米宽。站在观景台，瀑布之水如一条白龙从天而降，落入潭底的水溅起无数的水花，每当太阳出来的时候，瀑布的中部就有一道美丽的彩虹。

天沐温泉

天沐温泉露天区共分为十大区域。其专为夏季设计的“飘雪池”、“盐雾浴”、“温泉冷雾”及膜拜自然的“天体浴”，用温泉制造的清凉冷雾夹杂着大自然花草植物精华的芳香，在绿茵小径、亭檐之下、山水之间四处喷洒，犹如人间仙境，能在瞬间给人以秋的清凉，其所创造的梦幻般的自然景观堪称一绝；动感水上休闲运动项目，海浪池、皮筏滑梯、逆流泳池、温泉水底健身，让游客在动与静之间、在冰爽与惬意中感受水的无限动感，享受明月山天沐温泉一年四季的无穷乐趣。

天工开物园

天工开物园是以明代科学家宋应星的科学巨著《天工开物》为基础，以打造体验式农耕文化休闲旅游胜地为目标的主题公园，分为陈列展览区、体验游览区、文化休闲区、游客服务中心四大部分。

洪江氡温泉

来到距宜春城区24公里明月山东面的洪江乡洪江村山下组，就可以看到长年水温50余摄氏度，日出水量1800吨的洪江氡温泉。

天沐温泉度假村

温汤富硒温泉

温汤天然富硒温泉位于江西省宜春市中心城区西南18公里的明月山温泉风景名胜区温汤镇，分布于集镇周边1.48平方公里范围内。温汤温泉是世界上独一无二的温泉。它有四个特点：一是出水量大，目前日出水量达到10000吨，属大型温泉。第二个特点就是水温高，温汤温泉水温长年保持在68～72℃，全国范围内达到这么高温度的温泉也屈指可数。第三个特点是历史悠久，已有近2000年历史。温汤温泉的第四个特点，也是它最突出的一个特点，就是该温泉高硒低硫，可饮可浴，也正是这一特点成就了它世界唯一的美名。

仰山景区

仰山栖隐寺

特色观赏和体验 UNIQUE SCENERY & FESTIVALS

自然景观

1.山月交辉，相得益彰

明月山层峦叠嶂，气象万千，奇峰怪石，千姿百态，优美绝伦的天际线有月亮的光辉为之显现，每当月朗风清之夜，步入山中，恍如置身琉璃世界，令人生出无限遐想。明月山的命名，画龙点睛地道出天机。山得月而越秀，月因山而妩媚。此正合古人“明月松间照，清泉石上流”之意境。

2.奇峰怪石，飞瀑流泉

黄山、张家界均以奇峰怪石闻名，而明月山的奇峰怪石自有其不可比拟的特色，鬼斧神工，叹为观止。朱熹诗云：“我行宜春野，四顾多奇山。”此言远观之峰峦，有层峦耸翠、玉屏联翩之妙。深入山中，则可见“壁立千仞”之天造奇观，云横雾锁，一石擎天而出，朱熹又诗赞曰：“攒峦不可数，峭绝谁能攀。”

更妙的是在奇峰怪石之间，飞瀑流泉不断，奏出悦耳的天籁之音。大自然的杰作，美妙的和声，令奇峰怪石有了生命的律动。

3.朝晖夕阳，风云变幻

明月山的山间，朝晖气象变化多端。古人视山石为“气骨云根”，峰石在朝晖夕阳、晨光晚照中产生油画效果，是摄影家的绝好主题。四时气象变幻尤为动人，或雾漫山谷，或波涌云海，人在山顶，如浮海上。云岚美景是明月山又一奇观。若冬天山头积雪，望之峰峦皑皑，又是一番气象。

4.森林苍翠，花木扶疏

明月山森林覆盖，漫山苍翠，郁郁葱葱。更有春花烂漫、红叶染秋、草木竞萌、万物繁茂，凸显自然生态的原始天趣。木莲、杜鹃、山茶、银杏、松、柏、樟、杉、竹、柳等珍稀观赏植物，令人目不暇接。在深山密林中，还藏着许多野生动物。尤其各种鸟禽，千啼百啭，再现“蝉噪林愈静，鸟鸣山更幽”的意境。

5.富硒温泉，无与伦比

明月山盛产地热温泉，温泉不仅流量大、水温高，而且所含成分质优稀有，是绝佳的保健养生温泉。

节日节庆

中国宜春·明月山月亮文化节

每年农历八月十六举办，被列为江西省十大节庆活动之一。从2007年开始，每年一届，每届一个主题。每届月亮文化节活动形式多样，内容丰富。中秋拜月，神圣而古朴；广场晚会，欢快而和谐；火龙追月，动感而激越；集体婚礼，恢弘而经典；荷花灯漂放，壮观而璀璨；孔明灯放飞，天人合一，与月同辉。

佛佑明月

明月山四季 SEASON

明月山属亚热带湿润季风性气候，气候温和，年平均气温在12～15℃左右，年平均降水量为1800～2000毫米。景区内绿色葱茏，空气清新，山上空气负离子含量每立方厘米高达7万多个，为国家标准的35倍，是国内外享有盛名的天然氧吧。

住宿 ACCOMMODATION

宜春博能宾馆

宜春市袁州区宜阳大道19号

0795-3635000

宜春锦晨商务酒店

宜春市明月南路166号（马家园旁边）

0795-3278000

宜春大富豪酒店

宜春市中山中路669号

0795-3226110

美食推荐 CUISINE

柴火烧石鸡、温泉豆腐、藜蒿炒腊肉。

购物指南 SHOPPING GUIDE

宜春物阜民安，历史上被誉为“农业上郡”。主要土特产品有明月山迎客茶、冻米糖、高安腐竹、上高牛肉干、脚板薯、宜丰葛粉、豆腐乳、醋蜜、百合粉、酸枣糕。

工艺品有生肖闹月剪纸、天工夏布坊礼品、明月山迎客茶茶具、脱胎漆器、宜丰笋壳画、铜鼓金银铜系列红色纪念品、万载根雕。

武功山(萍乡片区)风景名胜区

国家重点风景名胜区、国家地质公园、世界自然遗产中国预备名单——武功山(萍乡)风景名胜区位于江西省萍乡市东南，与宜春、吉安相邻，总面积260平方公里。其主峰白鹤峰海拔1918.3米，为江西境内最高峰。武功山旅游资源类型齐全，品位高雅，其特色可概括为“山景雄秀、瀑布独特、生态优良、草甸奇观、天象称奇、人文荟萃”。整个景区规划面积163.4平方公里，分为金顶观光休闲区、灵芝峰观光游览区、发云界游憩娱乐区、九龙山宗教文化区4个景区，规划景点200多处。整个景区“蕴钟灵毓秀于眉宇，藏天下奇珍于胸中”。这里，峰无不奇，石无不怪，潭无不幽。这里，有千匹高山飞瀑辉映彩霞，有万亩天上草原任你云中漫步，有亘古祭坛神秘悠远。这里，春赏如茵草甸，烂漫山花；夏观如烟云海，清泉飞瀑；秋望如彤日出，漫山红叶；冬览如诗雪景，奇绝雪松。这里，更有千年桂花树、巨型活体灵芝等丰富的珍稀动植物资源和神秘的道、佛、儒三教文化，流光溢彩，人文荟萃。

武功山自古为江南三大名山之一，有“庐首衡尾武功中”的说法。也就是说，在江南的名山里面，庐山是头，衡山为尾巴，武功山居中。武功山历史悠久，文化源远流长。远自汉、晋起，就被道、佛、儒三家择为修身养性之洞天福地。宋、明时，佛教、道教香火鼎盛，山南山北建有庵、堂、寺、观达30多处，前来游览的名人学士络绎不绝。其中，最为著名的数三国时的葛玄、东晋的葛洪、南北朝梁朝的陶弘景、宋朝的黄庭坚和文天祥、明朝的徐霞客。明朝的地理学家、散文家徐霞客游览武功山之后，写了一篇6000多字的游记，收在《徐霞客游记》里。而明嘉靖皇帝曾派御史到武功山的寺庙进香。武功山在近现代的时候，还是第二次国内革命战争时期的“百里红色根据地”，无数革命先辈的热血洒在这块神圣的土地上。武功山地区人脉文脉独特，衍生的文化载体除了山顶上的宗教文化、革命胜迹外，山下的傩舞是古代舞蹈艺术的“活化石”，是江西傩文化的重要组成部分。

管理机构：武功山风景名胜区管理委员会
地址：萍乡武功山风景名胜区麻田月形街
邮编：337247
电话：0799—7631158
邮箱：pxwugongshan@163.com
http://www.wugongshan.cn

金顶—万顷草甸

武功山（萍乡片区）风景名胜区导游图 MAP

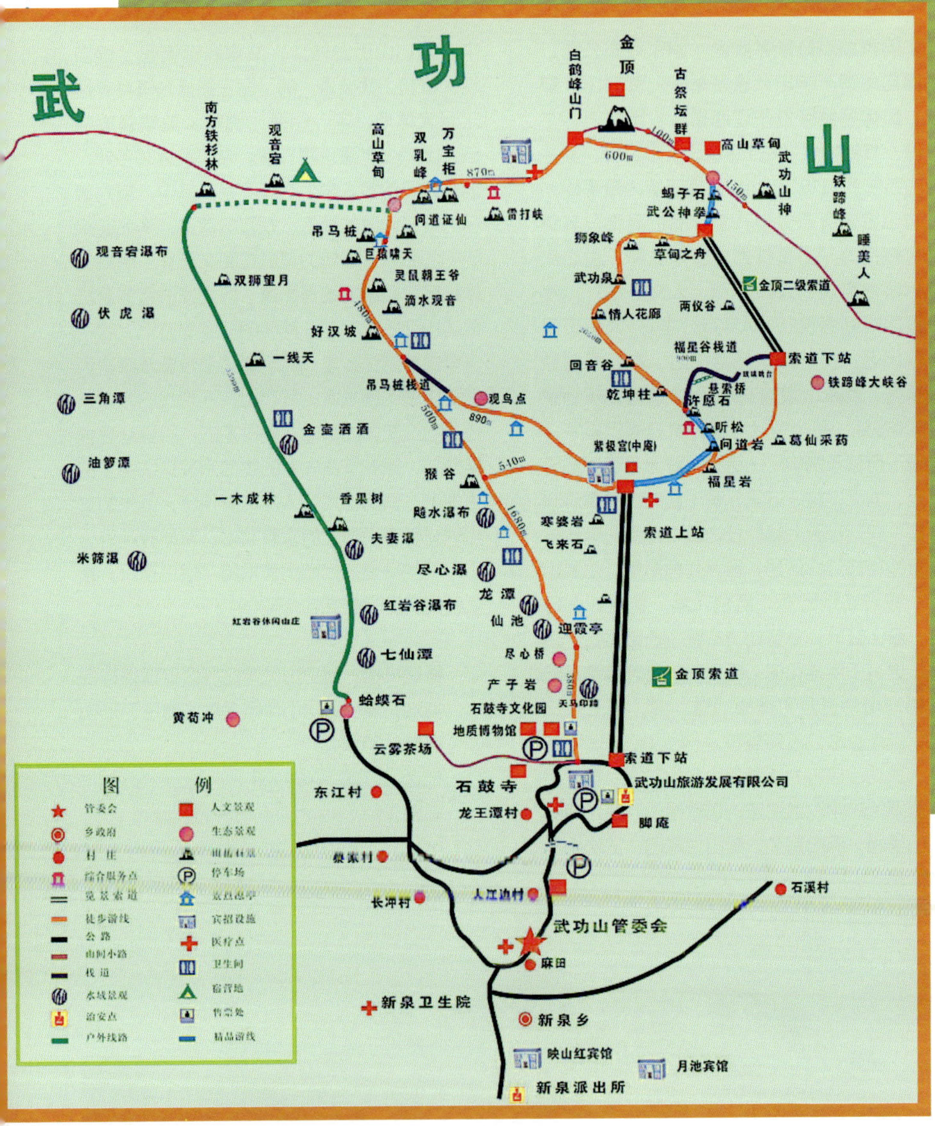

交通 出行宝典 TRANSPORTATION

（一）区外交通

武功山（萍乡片区）风景名胜区区位环境优越。景区西距萍乡市区50公里，距芦溪县城25公里，319国道、320国道、沪瑞高速、浙赣铁路贯穿萍乡市。从京珠高速、京广铁路、京九铁路到达萍乡市均在2小时车程之内，萍乡距离长沙黄花机场1小时车程，距离南昌昌北机场3小时车程。

（二）区内交通

萍乡武功山距离市区47公里，可在城南汽车站乘班车（每20分钟1趟），约1小时直达武功山。近期还将开通萍乡火车站至武功山的旅游客车和萍乡至武功山的旅游专客。

从沪瑞高速芦溪出口下，约40分钟车程即达。

芦溪火车站旅客可在沙湾乘坐萍乡至武功山的旅游客车。

票价：萍乡火车站到城南车站1元，城南汽车站至武功山15元，总额16元（从芦溪出发可乘坐此班车）。

加油及维修位置：萍乡加油站及汽车维修点、芦溪加油站及汽车维修点、武功山新泉加油站、武功山新泉乡汽车维修点。

旅游服务 TRAVEL SERVICE

目前开放金顶景区，售票点有红岩谷和石鼓寺两处，在售票处可拿到游线观光线路图。

门票：70元/人（不含2元保险费）

索道：上行55元/人，下行45元/人，往返90元/人

二级索道：上行45元/人，下行35元/人，往返70元/人

景区派出所 0799-7591007

导游服务 0799-7636666

投诉 0799-7631161

精品线路

D1：乘车前往武功山红岩谷景区，徒步登山赏武功山蛤蟆石—七仙潭—红岩谷瀑布群—夫妻瀑—一木成林—金壶洒酒等景点

D2：乘车往金顶景区，经山门—石鼓寺—武功山文化园—步行或乘索道（远眺迎霞亭、尽心瀑、飞来石、寒婆岩）上山—紫极宫—福胙谷栈道—百米悬空索桥—乘云中索道或步行上山，穿越十万亩高山草甸—顶庵—千年古祭坛—金顶，远眺吊马桩。中餐后乘索道下山或步行游武功山神—武公神拳—草甸之舟—武功雄狮—点将台—中庵，乘索道或步行下山

精品线路 b

D1：乘车前往武功山景区，经山门—石鼓寺—武功山文化园—步行或乘索道（远眺迎霞亭、尽心瀑、飞来石、寒婆岩）上山—紫极宫—福祚谷栈道—百米悬空索桥—乘云中索道或步行上山，穿越十万亩高山草甸—顶庵—千年古祭坛—白鹤峰。

D2：凌晨观日出，看云海—游览武功山金顶风光—高山草甸，早餐后乘索道下山或步行游武功山神—武公神拳—草甸之舟—武功雄狮—点将台—中庵，乘索道或步行下山。

金顶—夕照古坛

栈桥通天

精品线路 c

D1：钟鼓楼—蛤蟆石—七仙潭—红岩谷瀑布群—夫妻瀑—一木成林—金壶洒酒瀑布

D2：山门—石鼓寺—武功山文化园—索道上山（远眺迎霞亭、尽心瀑、飞来石、寒婆岩）—紫极宫—北海岸栈道—吊马桩—穿越十万亩高山草甸—顶庵—千年古祭坛—金顶—武功山神—武公神拳—阴阳谷—灰姑娘—草甸之舟—武功雄狮—武功泉—情人花廊—葛仙洞—回音谷—许愿石—犀角峰—点将台—福星谷(福星岩、龙门蹬、牛郎织女、老君采药)—索道下山。

金顶鎏光

山神

金顶景区

代表性景点有武功山神、金顶古祭坛（包括葛仙坛、汪仙坛、冲应坛、求嗣坛）、白鹤观、紫极宫、吊马桩、高山草甸、睡美人、金壶洒酒、夫妻瀑、米筛潭、金顶日出、武功山云海。

夫妻瀑

高山草甸

羊狮幕景区

代表性景点有穿云石笋、如来佛掌、关公班师、金鸡迎春。

金鸡迎春

穿云石笋

发云界景区

代表性景点有九鳅落湖、银链瀑布、白鹭天堂、猛虎跳墙、三叠泉。

武功山（萍乡片区）四季 SEASON

武功山气候温和，四季分明，雨量充沛，年平均气温14～16℃，夏季最高温度为23℃，是良好的避暑胜地。

住宿 ACCOMMODATION

武功山中庵山庄

📞 0799—7631158

观岗阁：12800元/幢， 宽泰居：9800元/幢

武功山庄

📞 0799—7636536

套间：688元/间，标准间：388元/间

月池度假村

📞 0799—7592988

套间：358元/间，标准间：188元/间

武功山御泉楼宾馆

📞 0799—7636168

套间：218元/间，标准间：168元/间

武功山聚贤农庄

📞 0799—7636188

标准间：168元/间

五虎沟农家休闲山庄

📞 0799—7636688

标准间：168元/间

红岩谷山庄

📞 0799—7632998

以上价格以实际为准

美食推荐 CUISINE

乡村土鸡、武功山小炒肉、武功山小河鱼、赖汤圆、武功山腊肉、清炒腊牛肉、农家豆腐、石耳土鸡汤、清炒石蛙、清蒸土鸡蛋。

赖汤圆

购物指南 SHOPPING GUIDE

武功山高山有机茶、武功紫红米、武功山腊肉、茶油、石耳、甜茶。

武功山（安福片区）风景名胜区

武功山位于江西省中西部、赣湘边境罗霄山脉的北段。整个山脉大致呈北东—南西走向。武功山脉地跨江西省吉安市安福县，萍乡市芦溪县、莲花县，宜春市袁州区及湖南省攸县、茶陵、安仁等县（区）境。其山势西奇东瑰、北雄南秀，不仅具有泰山的雄伟、衡山的清秀、匡庐的烟云、雁荡的飞瀑，还具有与黄山媲美的奇峰、怪石、云海、温泉。尤其是在海拔1600米以上的山地上，分布着绵延数十公里，面积达10万亩的高山草甸，不仅在中国，乃至在整个亚洲都十分罕见，被誉为“云中草原，人间仙境”。

武功山自古与庐山、衡山并称为江南三大名山，先后被列为国家森林公园、国家地质公园、国家级风景名胜区、国家自然遗产名录。安福武功山风景名胜区主要由金顶景区、九龙山景区、发云界景区、羊狮幕景区、明月山景区、玉京山景区及文家温泉接待中心、武功湖景区组成。武功山山体呈莲花状分布，以海拔1918.3米的主峰金顶（白鹤峰）为中心，北有雷打峡、龙王潭、尽心桥、官冈庵、寒婆岩、雷岩、州字岩等景点；南有观音崖、三天门、龙潭、香炉峰、玉皇殿、秀才岭、集云等景点；东有赤脚坳、发云界、明月山、羊狮幕景点；西有九龙界、天心瀑水岩、高天岩、石廊洞等景点。风景区面积365平方公里，加上外围保护地带500多平方公里，总面积达1000平方公里，为江西省面积最大的山岳型风景名胜区之一。

管理机构：安福武功山风景名胜区旅游管理委员会

地址：安福县泰山乡文家

邮编：343200

电话：0796-7323688

武功山高山草甸

武功山（安福片区）风景名胜区导游图 MAP

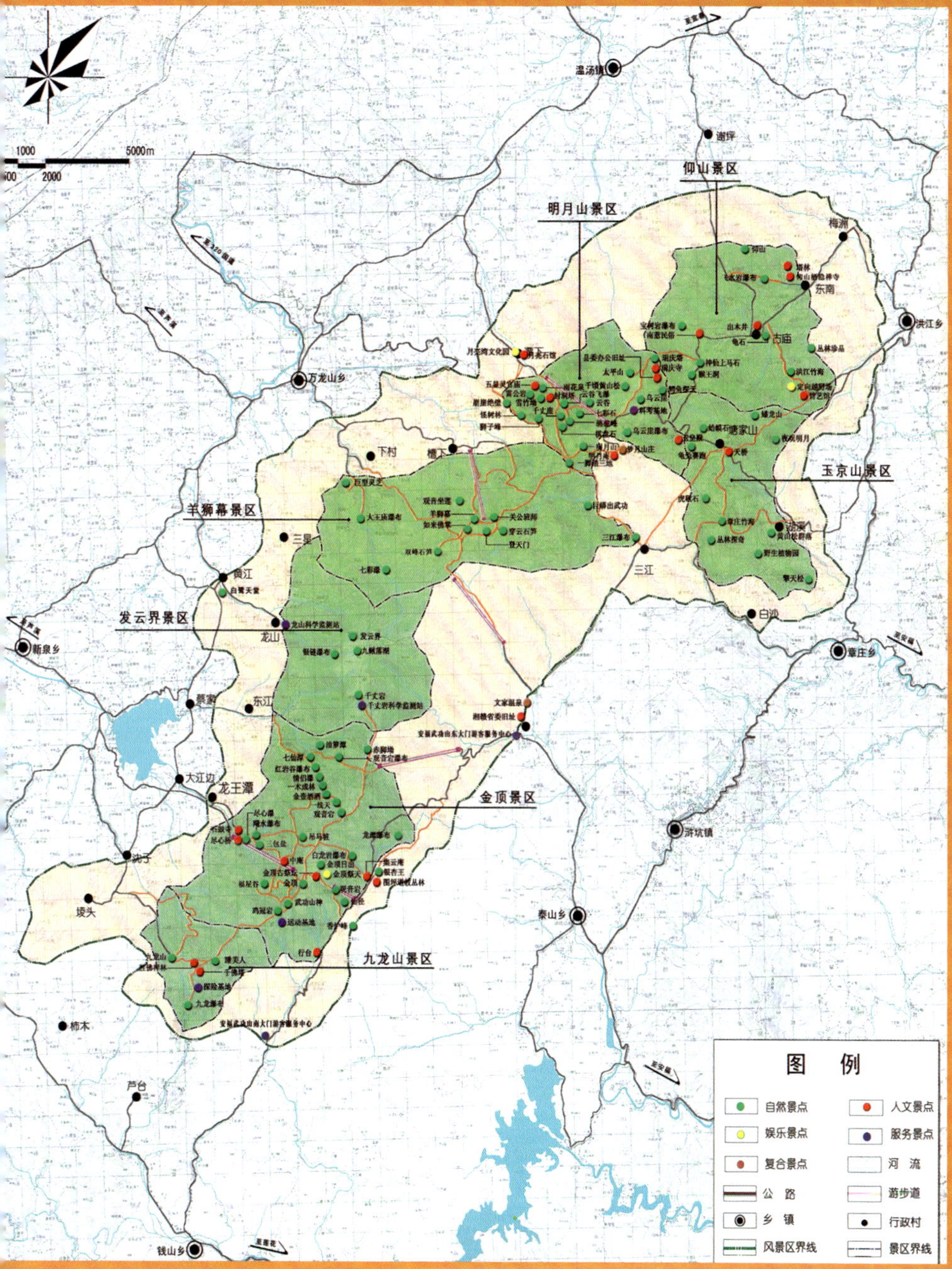

交通 出行宝典 TRANSPORTATION

外围交通：105国道、320国道、大广高速、樟吉高速、京九铁路贯穿吉安市，武吉高速经过安福县。从105国道、320国道、大广高速、京九铁路到达安福县均在1小时车程之内。安福距离井冈山机场2小时车程，距离南昌昌北机场3小时车程。

近距交通：武功山距离安福县城45公里，在安福长途汽车站可以乘坐武功山旅游巴士，或者在金岸广场租车去武功山。安福大多数旅行社有武功山一日游项目。

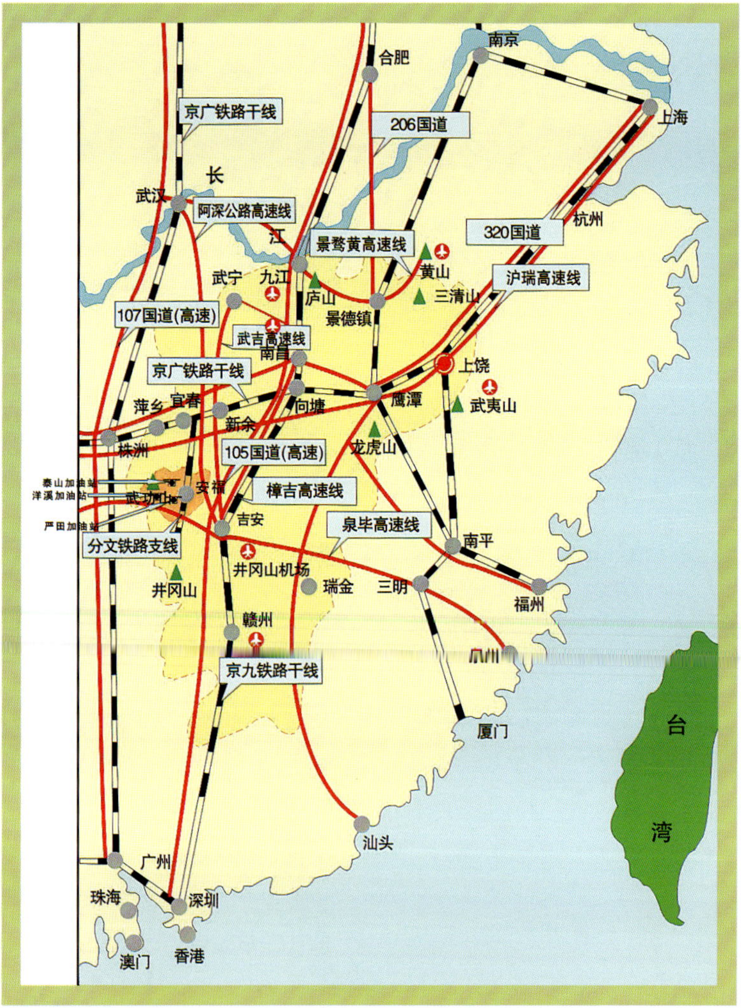

区域交通图

客车价格表

线路	里程（公里）	票价（元/人）
长沙—安福	328	90
广州—安福	677	180
深圳—安福	786	180
厦门—安福	795	175
株洲—安福	260	73
南昌—安福	281	65
萍乡—安福	157	41
宜春—安福	96	20
吉安—安福	60	15
新余—安福	96	26
分宜—安福	61	17
永新—安福	74	17
莲花—安福	79	27
安福—钱山	60	16
安福—泰山	40	12

东山文塔

东山文塔位于安福县城东侧。最早的东山文塔相传为三国时东吴鲁肃监修，后倒塌。宋宣和年间于原址重建。明正德十六年再次倒塌。明嘉靖二十一年重建今塔。塔底围径34.4米，高40米，九级八面，系楼阁式砖塔。塔身用特制的大型青砖磨沿对缝，以桐油糯米汁拌石灰浆砌成。每层有斗拱、方池，沿边走线，花砖嵌就，呈八角形，飞檐滴水，蔚为壮观。从塔内沿墙螺旋拾级而上，可直登塔顶，塔刹以生铁铸就，建筑造型精巧，雄伟古朴。已载入《中国名胜词典》，为省级文物保护单位。

东山文塔

千年文庙

俗称“孔庙”，原是古代官学为祭孔子及儒家贤人所设的场所。安福文庙坐落在安福县城南，现存总建筑面积3000平方米，约占清代时期规模的三分之一。该庙于南宋绍兴十二年（公元1142年）开始建造，经历了元、明、清三代并多次维修扩建，至今已有近900年的历史。现存主体建筑有棂星门遗址、下马碑、泮池、圆桥、大成门、名宦祠、乡贤祠、东西庑房、露台、大成殿。主要建筑贯穿于一条南北中轴线上。

千年文庙

羊狮幕

位于安福泰山、章庄两乡交界处，主峰海拔1670米。山上到处都是迎客松之类的奇异珍木，同峰竞相挺拔，嵯峨罗列，峰峰景色各异，气象万千。草甸、石笋、奇松、怪竹，在云海中时隐时现，在阳光下变得瑰绮壮丽，千姿百态。沟壑谷深不见底，流泉飞瀑自天降，置身其中，犹在人间仙境。峰、水、石、松、云、竹、茶，人在画中游。素有“小黄山”之称。

杨思慕——金鸡归巢

塘边古村

塘边村清代古民居群地处洲湖镇，距安福县城35公里。塘边村不靠山，不邻河，在一处红土岗地上，地形四边高中间低。村中间数十口水塘相连，供村民灌溉、养殖和洗涤之用，民居围绕水塘四周建成，故名“塘边”。现存古民居70余栋，堪称清代赣西农村民居博物馆。

塘边古村

武功湖

武功湖位于武功山东南麓，距县城42公里，横跨泰山、洋溪、钱山3个乡，是江西18座大型水库之一。库区水面2万余亩，蓄水1.74亿立方米，大坝长186.5米，高43.5米。水库四面环山，从高空俯视，湖形狭窄，蜿蜒似“蛟龙”，山谷幽峡间的民居村落犹如世外桃源，令人心驰神往，共同绘成了“九曲画廊”的人间绝景。

十八湾秋色

精品线路 a

武功山生态休闲四日游

D1：安福县城—孔庙—武功湖（九曲泸水画廊）—武功山温泉
D2：武功山温泉—三天门—金顶—白龙潭—龙潭—雪花潭—崖溪观光—武功山温泉
D3：武功山温泉—万龙谷崖溪探幽—羊狮幕
D4：沈家大院—羊狮幕丹崖景观群—县城

精品线路 b

武功山古樟文化三日游线

D1：安福文庙—枫田彭时故里—竹江蟠龙樟—大智石刻群
D2：安福—洲湖葱塘斗魁公祠—洲湖塘边民俗村—柘溪古代民俗村落—武功山温泉
D3：武功山温泉—三天门—金顶

精品线路 c

徐霞客名人游线二日游

D1：安福三天门—金顶—九龙山—九龙瀑布—武功山温泉
D2：武功山温泉—万龙谷崖溪探幽—羊狮幕丹崖景观

精品线路 d

武功山休闲保健二日游

D1：安福文庙—武功湖—武功山温泉
D2：武功山温泉—三天门—金顶—崖溪

武功山（安福片区）四季 SEASON

武功山属中亚热带湿润气候，具有气候温和、四季分明、干湿明显、雨量充沛、冬夏时间长、春秋时间短、无霜期较长的特点。年平均气温14～16℃，夏季最高温度为23℃，是良好的避暑胜地。

住宿 ACCOMMODATION

武功山嵘源国际温泉度假村

安福县泰山乡文家村

0796–7358888

标准间：988元/间

武功山温泉山庄

安福县泰山乡文家村

0796–7323106

标准间：280元/间

名骏名都大酒店

安福县北华山中路166号

0796–7628888

标准间： 268元/间

文山国际大酒店

安福县金岸广场内

0796–7176611

标准间：198元/间

武功山宾馆

安福县武功山大道187号

0796–7629669

标准间：168元/间

安福宾馆

安福县武功山大道166号

0796–7627388

标准间：180元/间

七天假日大酒店

安福县武功山大道185号

0796–7628718

标准间： 120元/间

香樟园生态休闲农庄

安福县竹江乡高村

0796–7560998

标准间：160元/间

武功山嵘源国际温泉度假村

武功山温泉山庄

美食推荐 CUISINE

带皮牛肉、烧鸡公、冬笋炒肉、枫田豆腐、烟熏腊肉。

枫田豆腐

烧鸡公

购物指南 SHOPPING GUIDE

工艺品、旅游工艺

黑陶、竹木工艺品。

土特产品

安福火腿、带皮牛肉、武功山茶、豆腐乳、洋溪小鱼干、武功山烟笋、野生茶油等。

云居山—柘林湖 风景名胜区

云居山-柘林湖（庐山西海）风景名胜区是2005年12月经国务院批准的国家级风景名胜区，位于江西省西北部，地跨永修、武宁两县，总规划面积655.2平方公里。风景区分为西海和云居山两大区域，由莲花城、青石湖、桃花溪、鹿角尖、百湾迷宫、红岩潭六大景区组成，自然资源丰富，有特级景点5处、一级景点15处、二级景点22处、三级景点16处、四级景点8处。原生态山水完美结合，被誉为最美的湖光山色，是全国佛教样板丛林、国家森林公园。

柘林湖由柘林大坝拦截而成，水库流域面积9340平方公里，水域面积460平方公里，总容量为80亿立方米。湖岛风光秀丽，景色迷人，有瀑布飞泉，沧海一粟，是我国最大的桃花水母繁衍地，让人流连忘返。

云居山景区面积220平方公里，最高峰海拔1143米，青山叠翠，飞瀑如练，植被繁茂，有2000多种天然植物生长，自古就有“云岭甲江右，名高四百州”的美誉。景区内佛教文化荟萃，古寺牌楼、僧侣塔林、摩崖石刻等随处可见。唐朝始建的真如禅寺是中国佛教曹洞宗发祥地，距今1200多年。寺庙农禅并重，禅风严谨，1988年被列为全国三大样板丛林之一，被中外广大佛教弟子敬奉为世界坐禅中心。同时，它还被人称为“新中国佛教领袖的摇篮”，新中国佛教协会首任名誉会长虚云长老、第三任会长赵朴初、第四任会长一诚大师都曾在此修禅或担任方丈，现任会长传印曾在该寺修行25个春秋。云居山上气候宜人，盛夏酷暑时节，山上平均气温仅为22℃，是避暑休闲的天堂。

风景区内还有原生态富矿温泉，氡、硫及偏硅酸等矿物质均达到国家医疗标准，建有国内一流、江西省唯一的五星级温泉酒店——庐山西海国际温泉度假村，集养生、娱乐、休闲于一体，是度假休闲养生胜地。景区内峡谷众多，有著名的桃花溪漂流和长墅源漂流。桃花溪漂流被称为“江南勇士第一漂”，是运动与休闲的理想去处。

风景区丰富的旅游资源和优美的自然风光，深受广大游客喜爱，是娱乐、观光、休闲、度假、美食的理想去处。作为江西省最年轻的国家级风景名胜区，云居山-柘林湖始终以“创新、突破、实干”为主旋律，围绕加快项目发展和注重环境保护两大主题，不断解放思想与开拓创新，着力打造“一个中心、四个基地”，即禅山圣水养生中心、观光休闲基地、水上游乐基地、演艺会展基地和科普教育基地，努力把景区建设成“江西最热、中部叫响、国内一流、世界知名”的旅游目的地。

管理机构：九江市云居山—柘林湖（庐山西海）风景名胜区管理委员会

地址：九江市云居山—柘林湖（庐山西海）风景名胜区

邮编：330317

电话（传真）：0792-3060925

邮箱：lushanxihai@yahoo.com.cn

http：//www.lshxh.com

云居山—柘林湖（庐山西海）风景名胜区导游图 MAP

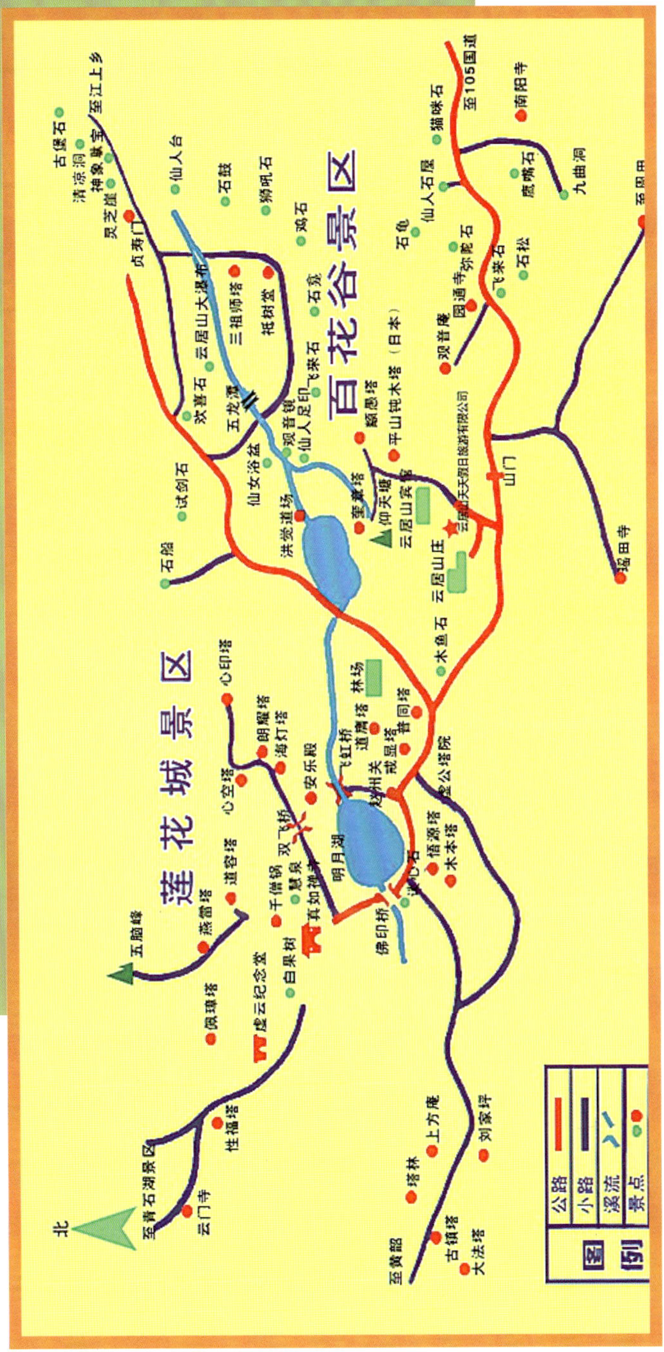

交通 出行宝典 TRANSPORTATION

区域交通图

区外交通

全国各地至南昌、九江机场转班车至西海。

全国各地至南昌、九江、永修站转班车至西海。

南昌洪城大市场内西客运站乘车至永修西海(1小时1班)。

九江汽车南站乘车至西海(1小时1班)。

永修汽车站乘车至西海(半小时1班)。

全国各地至南昌、九江上福银高速昌九段，艾城路口下，至西海；或经105、316国道至西海。

旅游服务 TRAVEL SERVICE

西海湖区：大门票100元/人，游船35元/人，快艇45元/人；云居山：20元/人；西海温泉：198元/人；桃花溪漂流：128元/人；仙女峡景区38元/人；西海湾景区：30元/人；花源谷景区：100元/人；长墅源漂流：120元/人

精品线路

一日游线路

1.天上云居、梦幻西海一日游

登千年古刹参禅礼佛—览西海湖光山色

2.梦幻西海、西海温泉一日游

览湖光山色—原生态富矿养生之旅

3.梦幻西海、桃花溪漂流、仙女峡一日游

览湖光山色—体验激情之漂、溯溪探险

4.梦幻西海、西海湾一日游

览湖光山色—徜徉黄金海岸

5.西海湾、桃花溪漂流一日游

徜徉黄金海岸—体验激情之漂

6.花源谷一日游

赏湖上浪漫花海—品渔樵诗意生活

7.梦幻西海、龙山野战一日游

览湖光山色——体验和平年代的“枪林弹雨”

精品线路

两日游线路

1. “心禅、朝圣之旅”——天上云居、梦幻西海两日游

   D1：千年古刹参禅礼佛—品禅院素斋—探幽奇空谷

   D2：览湖光山色—享农家美食—访长寿村

2. “养生、浪漫之旅”——西海温泉、梦幻西海两日游

   D1：登龙山览胜—原生态富矿养生之旅

   D2：览湖光山色—享农家美食—访长寿村

3. “品质、诗画之旅”——花源谷、西海温泉、梦幻西海两日游

   D1：览湖光山色—享农家美食—原生态富矿养生之旅

   D2：泛舟湖上，听传统仙乐—漫步花海，赏姹紫嫣红—渔樵问答，品诗意生活

4. “美食、享受之旅”——梦幻西海、易家河橘园、花源谷两日游

   D1：览湖光山色—西海全鱼宴—访长寿村—农家果园体验

   D2：赏湖上浪漫花海—船娘宴、鲜花美食—品渔樵诗意生活

5. “亲水、快乐之旅”——梦幻西海、西海温泉、桃花溪漂流、仙女峡两日游

   D1：览湖光山色—访长寿村—原生态富矿养生之旅—水上乐园

   D2：溯溪探险—享农家美食—激情一漂

6. “休闲、拓展之旅”——天上云居、西海湾、易家河橘园两日游

   D1：千年古刹参禅礼佛—品禅院素斋—探幽奇空谷—黄金海岸露营、篝火烧烤

   D2：徜徉黄金海岸—访长寿村—农家果园体验—体验和平年代的“枪林弹雨”

柘湖岛国

柘林湖山清水秀，风姿俊秀。湖面宽广，面积308平方公里。水域中1600多个千姿百态的大小岛屿星罗棋布，点缀湖面，犹如颗颗翡翠落银盘。登高远观，湖光山色尽揽眼底。湖中岛屿由于湖水起落形成一周不生长树木的裸露红壤，似给座座岛屿镶上了一道金边。湖中诸岛烟笼雾罩，远处村落炊烟袅袅，岛上林木郁郁葱葱。柘林湖沿湖地貌各异，四周翠峰簇拥，有千仞壁立的悬崖，有傍湖而坐的村落，有湖滨坦荡的田畴，有直泻湖面的飞瀑。柘林湖水面辽阔，四周多山，山中气候与湖中气候有很大差异。因风向和气压的关系，山中的云雾有时会从某个山口冲向湖中，在湖中观看如同宽大的瀑布从山上直泻湖面，十分壮观。

柘湖岛国

莲花城

莲花城位于云居山顶五脑峰下，五座海拔770～880米的山峰相环如城，中央地平如掌，形成一个近千亩的山间谷地，谷地中间明月湖湖澄如镜，四周群峰环列如屏障，竹海林涛，溪流不涸，环境优美。真如禅寺、惠通寺就坐落于其中。僧人们将五座山峰想象成莲花瓣，而寺庙、湖田则如花蕊，莲花城之名由此而来。

西海岸

五龙潭瀑布

沿溪而下，溪水连跌五级，将巨岩冲成五个深圆若凿的大潭。五龙潭瀑布以第一潭和第五潭景观最佳，第一潭浑然似仙女沐浴之盆，俗称浴仙盆；第五潭名火龙涡，潭水清寒逼人，奔腾咆哮，震耳欲聋，潭下数十步，水流左曲右突，越石而下冲击悬崖，形成落差80多米、宽20多米的瀑布，远望如匹练悬空倒挂于半天。

百花谷

花岗岩风化切割而成的沟谷，谷间溪流连接云居山顶的明月湖与山下的修河，全长12公里，相对高差达700米。溪流在谷间蜿蜒而下，形成百花溪、五龙潭两大瀑布。百花谷两侧树木苍翠欲滴，谷底百花溪蜿蜒流淌，溪流两侧奇石遍布，主要奇石景观有石鼓、鸡石、石船等。

古树参天

黄荆洞

黄荆洞位于桃花尖山脚下，因黄荆河而得名，名虽为“洞”，但其实是高山底下的幽深峡谷。全长约5公里，切割很深，相对高差在350米以上。小路穿狭沟而伸延，两旁峭壁上茂树繁枝连理，东侧谷壁如画，谷底老树枯藤，鸟语阵阵，流水潺潺，险峻之极。

人鹤共舞石

2000年8月在距黄荆洞口不远处发现，据专家鉴定为莲沱组砂岩巨大滚石，直径约2米，重约6吨，上有大自然给我们留下的“人鹤共舞图”，清晰可见，栩栩如生。白色图案为石英脉，极具艺术观赏价值。现已移放黄荆洞景区入口处，让图案上那对永远舞蹈的仙女和仙鹤用翩翩舞姿热情迎接游客的到来。故又称“迎客石”。

桃花尖

桃花尖海拔942.7米，为风景名胜区内第二高峰，由莲沱组砂岩构成，山体浑圆，高耸峻峭，山峰长年云雾缭绕，是柘林湖畔最秀丽的一座山峰。登临大坝或泛舟湖上，都能看到她的倩影。最秀美处，是她那圆中带尖的峰顶，有人把她看作是美丽的花瓣，有人把她看作是含苞待放的花蕾。当地流传着一个动人的传说，说她是桃花仙女的化身，故名“桃花尖”。

桃花溪

长年不断的溪水在下城洞山谷间蜿蜒流入柘林湖，全长约4公里，沿途落差近200米。溪流时而在密林下淌过，时而在巨石间穿行。水帘洞瀑布位于溪流中部一峭壁上，瀑布宽约5～6米，高近90米，如一条素练悬挂峭壁。长年水流不涸，从山间峭壁上直泻而下。桃花溪两岸林木繁茂，鸟语花香。盛夏时节，桃花溪谷地内气候湿润凉爽，素有“小庐山”之称。

桃花溪

真如禅寺

真如禅寺自唐元和三年（公元808年）道容禅师奠基开山迄今1200余年，历代高僧辈出，为我国汉传佛教的典型禅宗道场，佛教曹洞宗的重要发祥地，是江西省境内最大的佛教丛林。真如禅寺被国务院批准为全国首批重点开放的寺庙之一和全国佛教三大样板之一，在东南亚及北美大陆具有较高知名度。真如禅寺内现还保存有宋代苏轼的手书石刻，是当年苏轼与佛印促膝长谈之处。苏轼手书的“石床”二字于石上，笔锋遒劲放达，是难得的珍迹。真如禅寺周边有古银杏数十株，其中寺内有18株古银杏，距今已有1100多年。

真如禅寺

大雄宝殿

名僧塔林

云居山自唐至今历来为佛教圣地，历代名僧墓塔众多。近年经对全山墓塔的勘察，发现现存历代墓塔近百座，虽大多因风化或其他原因而损毁，但保存有规模的亦不下数十座。其中有40余座经修复，现已面貌一新。全山重要高僧墓塔大多集中于真如禅寺附近。其中，将军塔又名心空塔，为纪念战国时楚将欧岌而建，全塔由花岗岩雕形砌就，严丝合缝，堪称古建筑之珍。

民俗文化村

民俗文化村坐落在柘林湖东北部，横跨3个岛屿，总面积25公顷。因岛上的傣、彝、瑶、满、苗、傈僳、蒙古等少数民族的民俗风情歌舞表演而闻名于世。

海昏秀域

海昏秀域坐落在柘林湖东部，由外婆岛和孔雀岛连接而成。相连的外婆桥是江南最长的单挂钢索桥。

柘林大坝

柘林大坝坝高75.2米，坝长630米，底宽425米，是目前亚洲第一大拦河土坝，极其雄伟壮观。

特色观赏和体验 UNIQUE SCENERY & FESTIVALS

云雾景观

云居山因山势雄伟高峨，常为云雾所抱而得名。因此，云海是云居山的一大景观。雨过初霁，站立于山顶，可见万顷云海似大海般茫茫无际，云居诸峰漂浮于云海之上，宛若蓬莱仙岛，奇幻无比。一俟日出，茫茫云海逐渐散去，化作缕缕白絮，似烟如纱，冉冉上升，云飘山移，妙不可言。清晨或雨后天晴时，常有带状白云浮现在桃花尖一带山腰上，绵延数里，人称玉带云。柘林湖水面辽阔，四周多山，山中气候与湖中气候有很大差异，因风向和气压的关系，山中的云雾有时会从某个山口冲向湖中，在湖中观看如同宽大的瀑布从山上直泻湖面，十分壮观。

日月星光

风景区有壮观的日出。黎明时分，但见东方天空渐红，片刻之间，一轮红日一跃而出，金光万道洒遍山川大地，大好山河尽揽眼底。与云居日出不同，湖上日出自有其特有的魅力。尤其是湖平如镜时，天上彩霞倒映在宽阔的湖面上，放眼天地之间，满目都是绚丽的色彩，加上东方一轮红日和倒映在湖中的金色阳光，令人感到极大的美的享受。在落日的余晖中，大小不一的柘林湖岛屿，像一座座墨绿色的海上仙山，星罗棋布在泛着金光的湖面上，显得更加神秘莫测。

日出西海

美食推荐 CUISINE

纯野生鱼

柘林湖得天独厚的优良水质中生活着野生野长的银鱼、鳙鱼、白鱼、鳜鱼、鲈鱼、棍子鱼等八十多种珍稀淡水鱼，肉质鲜嫩、味道鲜美、营养丰富。无论你消费多少，都可以品尝柘林湖的纯野生鱼。现推出的纯野生全鱼宴，更使您大饱口福。

风味小吃

独具特色的九江地方小吃，历史悠久，代代相传。旧时繁华的大中路及车站码头，各种风味小吃，如千层饼、萝卜粑、锅贴、麻圆等，颇负盛名，备受人们喜爱。近年来，九江小吃业在继承传统的基础上，吸取外地品种经验，从而使小吃花色品种繁多，经营形式多样，大街小巷，处处留香。其主要花色品种有：萝卜粑、油炸麻圆、鸡蛋冲水子、小笼汤包、油煎萝卜饼、牛肉萝卜汤、叉烧包子、豆沙包子、炒米粉、鲜嫩豆腐汤、鲜肉馄饨。

购物指南 SHOPPING GUIDE

九江陈年封缸酒、桂花茶饼、桂花酥糖、星子金星砚、庐山石鸡、庐山石鱼、庐山石耳、庐山云雾茶、矿泉饮料。

高岭—瑶里风景名胜区

高岭—瑶里风景名胜区位于江西省景德镇市浮梁县东北部，处赣皖两省祁浮婺休四县交汇处，东部以五股尖顶与安徽、婺源交界，西部以鹅湖镇桃岭村为界，北部以白石塔村为界，南部以黄梅岭与婺源交界；与景德镇市区和浮梁县分别相距59公里和55公里，是黄山、庐山、宏村和西递三大世界文化遗产的中心地带，承接徽商三百多年繁华历史的古徽州大道穿境而过，成为皖浙赣边境大米、木柴、茶叶、茶油的集散地，素有“瓷之源、茶之乡、林之海”的美称。

高岭—瑶里风景名胜区风景资源多沿瑶河聚集分布，数量丰富，类型多，陶瓷文化资源独特，峡谷瀑布、聚落文化和森林生态资源在国内也有较高景观价值。

境内高岭村是国际黏土矿物学通用术语——“高岭土”的命名地，由于高岭土使用价值的发现，导致了景德镇瓷业“二元配方”制胎法的产生，极大地提高了景德镇瓷器的质量，开创了景德镇瓷业的新纪元，从而确立了景德镇瓷都的地位，至今已有2000多年的历史。高岭境内还保留了元、明、清时代的大量矿坑、矿井、尾砂及附属文物水碓、碑亭、高岭古驿道、东埠古码头、清代古街等。

瑶里古镇景区核心区面积35万平方米，是国家级风景名胜区、国家历史文化名镇、国家重点文物保护单位、国家自然与文化双遗产、国家AAAA级旅游景区、国家矿山公园、国家森林公园、全国环境优美乡镇、全国首批生态村、全国文明村镇、国家级生态宜居示范乡镇、全国农业旅游示范点、全国特色景观旅游名镇，是融自然精华、人文风采、陶瓷文化于一体的旅游胜地，由瓷茶古镇游览区、汪湖生态游览区、高岭国家矿山公园、绕南陶瓷主题园区、梅岭休闲度假区五个主要景区构成。有高际禅林寺、翰林第、东埠古街、民俗博物馆、新四军驻地旧址、红军桥、原始森林、古樟树群、南山瀑布、天河谷、梅岭峡谷等众多景点。

管理机构：高岭-瑶里风景名胜区管理局
地址：景德镇市浮梁县瑶里镇
邮编：333411

瑶里古镇

高岭—瑶里风景名胜区导游图

MAP

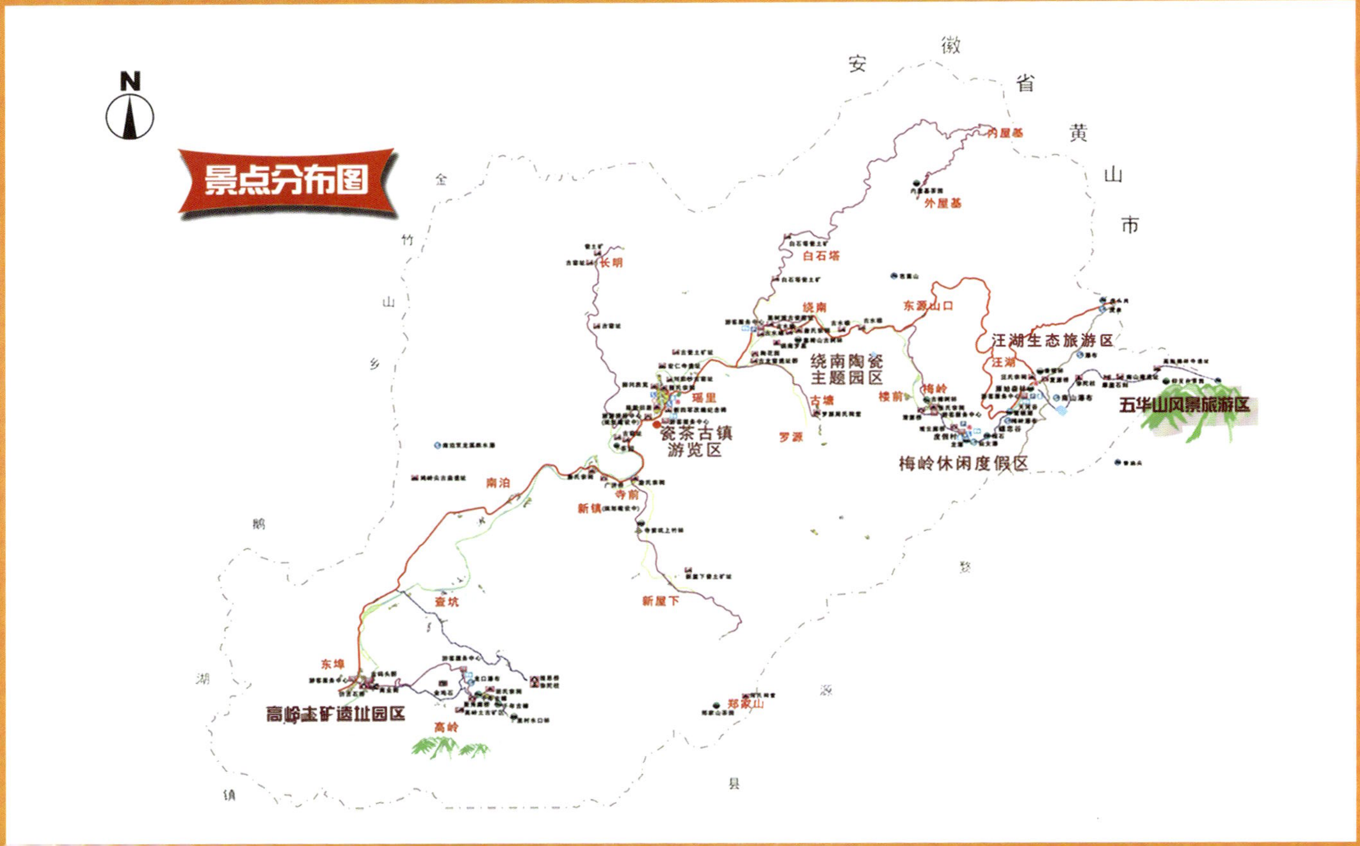

交通 出行宝典 TRANSPORTATION

1.景德镇北出口下高速转机场路—唐英大道—浮梁大道—直穿过浮梁县城—浮梁大桥沿左边大路走51公里—瑶里风景区。

2.浮梁出口下高速—浮梁大道—直穿过浮梁县城—浮梁大桥沿左边大路走51公里—瑶里风景区。

3.从婺源过来—湘湖镇（陶瓷学院）—黄泥头—何家桥—右转沿大路走51公里—瑶里风景区。

4.从黄山下高速走省道—休宁县—齐云山镇—渔亭镇—流口乡—瑶里风景区。

景德镇市内乘车路线：到景德镇后，去里村短途汽车站乘坐“景德镇-瑶里”的班车。每天两班，早上7：30从景德镇出发，9：00左右到瑶里；下午2：30从景德镇出发，4：00左右到瑶里。票价：11元。

旅游服务 TRAVEL SERVICE

票价：150元/人

景区开放时间：7：00—17：00

注：1.景区联票包含景点有瓷茶古镇游览区、汪湖生态游览区、高岭土矿遗址园区、绕南陶瓷主题园区、梅岭休闲度假区。 2.联票有效期为3天。

高岭

高岭是古代景德镇制瓷业最重要的原料产地。主要历史遗迹有明清两代采矿遗址、淘洗坑、水口亭、古街、古道等，尤其是高岭土淘洗后留下的白色尾砂堆积蔚为壮观，有“青山浮白雪”之誉，是景德镇重要的陶瓷文化和自然生态相结合的景区。

古水碓、釉果作坊、龙窑遗址

明清商业街

明清商业街位于瑶河东边，是古徽州大道上最繁华的商业街之一，分为上街头、中街头、下街头，全长近500米，街道两旁店铺林立。民谣：“摘叶为茗，坯土为器，富则为商，巧则为工。”“上街头、下街头，街面宽又长；粮盐醋、布绸缎，店面八百八。”至今，在下街头还有乾隆三十八年（公元1773年）竖立的路标——“徽州大路转弯”碑。

明清商业街

接夫亭

接夫亭又名“碑亭”，原亭始建于明朝，后被毁，于1990年首届景德镇国际陶瓷节前重建。整个亭子古朴庄重，秀气典雅。亭中有一石碑，正面刻着“高岭”两个大字，笔法苍劲，气势雄浑，为中国著名书法家何海霞先生所书。

接夫亭思古

东埠古街

东埠古街是瓷土运输造就的古街，是古时候启运高岭土的大码头和集散地，被誉为“海上丝绸之路的源头”，是古代浮梁县四大古街之一（其余三个是湘湖街、勒功街和三龙街）。东埠古街东西走向，中间铺设的青石板上至今有一条深深的独轮车运送高岭土留下的车辙。两边的建筑鳞次栉比，东街集中了客栈、酒坊、茶馆和米、布、药等几十家店铺，西街除了店铺外，还集中了大户人家的住宅。建筑为徽派格局，有商字形的大门、错落有致的马头墙等。古街转弯处的房屋墙体上还嵌有“泰山石敢当”字样的石牌。

东埠古街

东埠大桥

东埠大桥全长113米，建于1980年，为仿明代式7孔石拱桥，是迄今为止江西省最长的仿古石桥。大桥全部用人工打凿的石块砌成，两侧是汉白玉栏杆，栏杆中间镶嵌着142块青石，上面画着飞禽走兽、花鸟虫鱼，形态逼真。站在大桥上远眺，只见秀丽的东河从东埠村旁边静静流过，河两岸屋舍重重，炊烟袅袅，构成一幅古色古香的乡村画景。

东埠大桥

程氏宗祠

又名敦睦堂，始建于明代中叶，清代道光年间重修。仿牌楼式大门上砖雕精美，其中“喜鹊登枝”、“鹤鹿争春”、“丹凤朝阳”、“鲤鱼跳龙门”最具特色。

程氏宗祠

敬义堂

敬义堂既是古建筑，又是革命遗址，院子里栽有古桂树，里面有天井，透光典雅。它是清朝嘉庆年间登仕郎吴光容的故居。1937年11月和1938年2月，陈毅同志两次来瑶里指导新四军改编，都居住在这里。现为景德镇市重要的爱国主义教育基地。

陈毅故居

进士第

进士第是康熙年间进士吴从至所建，吴曾任河南太康县令、开封知府、工部部水司、员外侍郎，官至三品，告老还乡时，修建进士第以安享晚年。康熙帝曾赐“贤良第一”匾一幅，悬挂于吴家祠堂内，光宗耀祖数百年。八字形的大门、仪门、等级阶、正堂的井字梁等，都体现了古代官宅的建筑风格，对研究古代官第建筑具有一定的历史价值。

一步岭

进士第

狮岗胜览

狮岗胜览是一座清代末期欧式建筑风格的古民居，是一步岭明清古建筑群的代表作，融徽派建筑、西欧建筑风格为一体。这幢楼建成后，从对面的狮山看此楼，着实雄伟壮观、鹤立鸡群，成为狮山一景，故得此名。站在此楼阳台之上，瑶河风光一览无遗，狮山胜景尽收眼底。狮岗胜览内共有100多幅木雕，十分精巧别致。

南山瀑布

南山瀑布位于汪湖高际山下，瀑布群全长400多米，落差达220米，飞珠溅玉，白练悬空，十分美丽。

飞瀑图

汪湖

汪湖是瑶里自然景色绝佳之处。原始森林茂密幽静，物种繁多，林内栖息生长着百余种野生植物，有“植物王国”之美称。因大自然造化而形成的天河谷，潭幽谷深，诡异神奇。

汪湖原始森林

特色观赏和体验 UNIQUE SCENERY & FESTIVALS

观看瑶里打醮、娶亲仪式、郑家山禾秆香龙灯、绕南求雨、新屋下狮灯、瑶河曲调戏等表演。

地方戏表演

高岭—瑶里四季 SEASON

高岭—瑶里属于亚热带气候，年平均气温15.8℃，因地处山区，且植被茂密，年平均气温较浮梁县低2℃，年平均降水量超过1800毫米。因区内峰谷交错，地势起伏大，山地小气候较发育，区域内气候条件差异大。民谣云："高前山，离天三尺三，山上落小雪，山下出太阳"。其中五股尖常年云雾缭绕，夏季平均气温仅18℃，比浮梁的平均气温低8℃。

俯视梅岭

住宿 ACCOMMODATION

假日酒店
瑶里风景区内
0798-2606988

梅岭山庄
景德镇浮梁县瑶里镇梅岭村
0798-2602188

卧龙潭宾馆
瑶里风景区内
0798-2602666

美食推荐 CUISINE

腌菜烧肉、鲜河鱼、土鸡、米粉蒸肉、墨鱼火笋、干辣丝烧肉、野菜（苦菜）、干水笋、腊肉炒水蕨菜、家乡豆腐、鸭脚板、香椿芽炒鸡蛋、年糕、打麻糍、油糍、珍珠米果、碱水粑、大米饼、清明包、清炖石鸡、神龟偷菇、腊肉泥鳅汤、烩豆腐皮、五彩豆腐、水豆腐、辣油水豆腐。

购物指南 SHOPPING GUIDE

瑶里山高林密，气候温湿，云雾多，正是高山名茶生长地。自唐代起，浮梁以瑶里茶叶为支撑而成为全国著名茶叶生产和销售集散地。元明时期，瑶里的“浮梁仙芝”高山云雾茶成为著名的贡茶。现生产的“浮瑶仙芝”和“瑶里崖玉”两大品牌，在国际国内茶叶评比大赛上连获大奖。以瑶里茶叶为加工原料制作的“得雨活茶”也被冠名为“人民大会堂特供茶”。另外，还有茶油、香榧、石耳、干蕨、笋干、苦槠豆干、锥栗、野生香菇、黄花菜等土特产品。

瑶里茶园

灵山 风景名胜区

灵山风景名胜区位于江西省上饶县北部，距离上饶县城18公里，景区面积101.5平方公里，主峰天梯峰海拔高度1496米。灵山地处黄山、三清山、龙虎山和武夷山四个国家级风景名胜区中间，是四山辐射的交织点。2009年12月，灵山被国务院批准为国家级风景名胜区，

灵山自然环境独特，地质构造复杂，地貌类型多样，是道、佛二教圣地，道家书列天下第三十三福地，素有“华夏第一龙脊，灵应逍遥福地”之美誉，是一个集运动休闲、度假养生、观光体验、宗教朝觐为一体的近郊山岳型风景名胜区。

灵山具有世界罕见的环状花岗岩峰林地质地貌奇观。七十二峰，峰峰挺秀，形成了灵山整体性极强的花岗岩峰林地貌，犹如一条巨龙，盘踞在上饶大地。灵山的高山灵石梯田，山高坡陡，落差大，四季景色各异，梯田间遍布各类造型的花岗岩滚石，是中国最具特色的高山梯田之一。灵山还是江南颇具影响的民间宗教名山，唐《云笈七签·福地》将其列为“天下第三十三福地”，《信州府志》称之为“信之镇山”。山间曾建宫、观、殿、宇99座，石人殿、石城寺历经1800年而长盛不衰。景区内有72峰，36瀑布，几十处洞穴景观，雄峰秀水幽谷独具特色，湖光山色相得益彰。灵山文化底蕴深厚，上饶籍的达官显宦和客（隐）居上饶的历史名人，如王安石、王贞白、韩元吉、辛弃疾、徐元杰、夏言、蒋士铨等人，为灵山留下了300多首名篇佳作。其中，南宋辛弃疾赞美灵山“叠嶂西驰，万马回旋，众山欲东”、“雄深雅健，如对文章太史公”，明朝大学士夏言盛赞灵山“九华五老虚揽结，不及灵山秀色多”，当代著名诗人冯雪峰赞美灵山是“神奇的山，不屈的山，诱人的山”。

管理机构：灵山风景名胜区管委会
地址：上饶县委县政府大楼南六楼
邮编：334100
电话（传真）：0793-8466402
邮箱:srxlyj@163.com
http：//www.lingshanw.com

灵山全景

灵山风景名胜区导游图 MAP

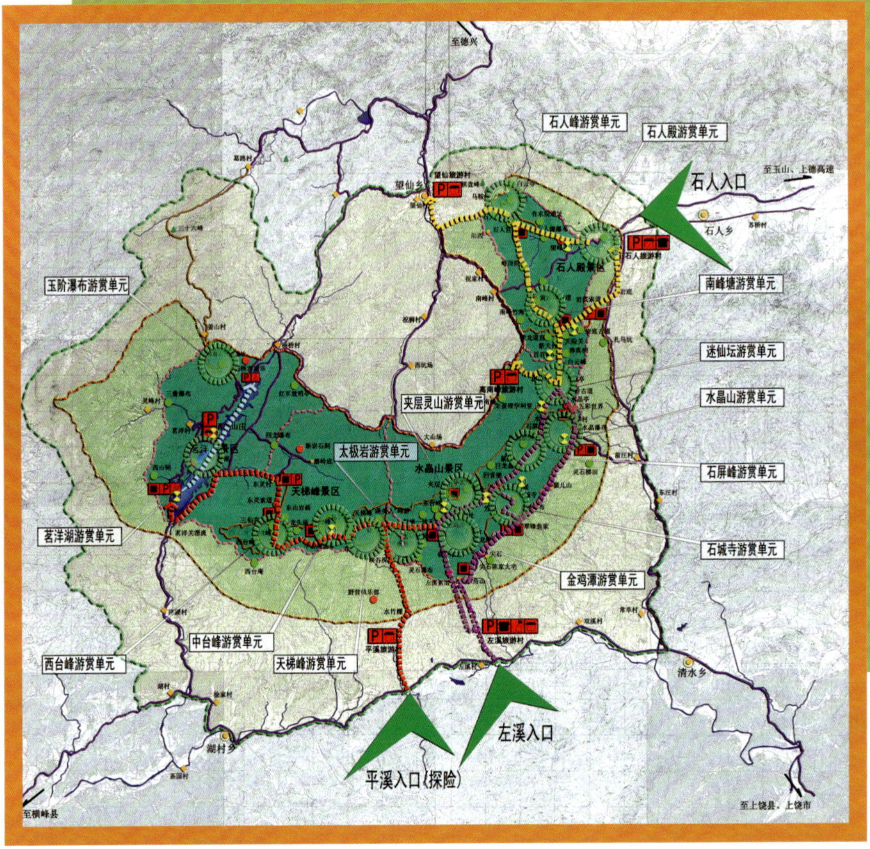

交通 出行宝典 TRANSPORTATION

浙赣铁路、沪昆高速、320国道、上武高速以及建设中的京福高铁、杭昌长高铁、三清山机场在距离灵山风景名胜区外围30公里内交织，区位交通条件优越。

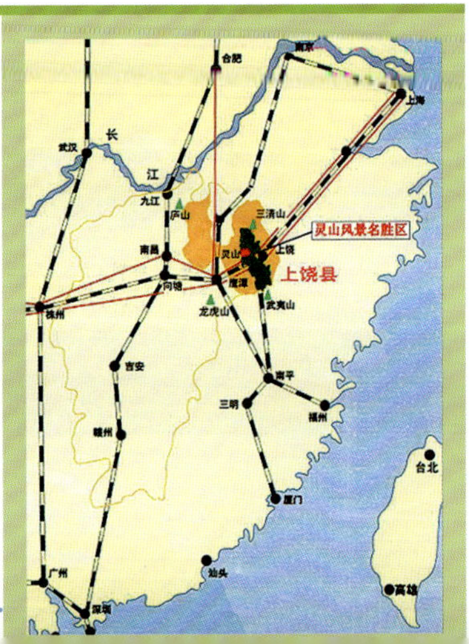

区域交通图

精品线路

因灵山的开发尚处于起始阶段，鉴于安全及开发线路不成熟等各种因素的影响，目前灵山没有出售门票，也没有推出正式的旅游线路。以下是适合自驾游客和背包游客游览的路线。

水晶山—大门峰—迷仙坛（一日游）

上午7点从上饶出发，8点到灵山度假村（可订餐），观水晶梯田。往大门峰方向上山，3小时到大门峰，观景。从大门峰返回约半小时转道到迷仙坛，观景。从水晶古道下山，1.5小时到灵山度假村。中午自带干粮或在灵山度假村用餐后回到上饶约15点。

路线特点：强度不大，但景色较单一，适合自驾和休闲游。

主要景点：鲲鹏展翅、水晶瀑布、灵石梯田。

水晶山—迷仙坛—石人殿（二日游）

D1：上午到上饶，下午14点从上饶出发，15点半到灵山度假村，上山，2小时到迷仙坛，扎营。

D2：上午7点用餐，游迷仙坛1小时，8点从迷仙坛出发，2小时到南峰塘，观景。中餐可在南峰塘用斋或自带干粮。12点从南峰塘下山，3小时到石人殿，参拜千年神殿后游明清古街约1小时，16点在古街出口坐中巴车回到上饶约17点半。

路线特点：强度较大，可领略灵山自然和人文风光，适合春秋季节体验游。

主要景点：鲲鹏展翅、水晶瀑布、灵石梯田、石人殿。

水晶山—石城寺—夹层灵山—尖石（二日游）

D1：下午14点从上饶出发，15点到水晶山，1.5小时后到石城寺，拜佛，扎营。晚餐可在石城寺用斋。

D2：在石城寺请当地向导带路，上午7点出发，3小时到达夹层灵山，观回音壁、乾坤柱、华表峰、巨龙盘山等灵山美景，往金鸡潭方向下山，在左溪村坐车回到上饶约18点。

路线特点：强度相当大，必须自带登山的安全设备和干粮，只适合有登山经验的驴友，可以领略灵山最精华的自然景观。

灵山全景

灵山以山峰挺秀著称，绵延近50公里的灵山七十二峰群，形成世界罕见的环状花岗岩峰群地貌，宛如一条巨龙盘踞在中华大地上。

巨龙盘山

灵山梯田

千百年来，人们在灵山山腰和山脚下的倒石、滚石间隙中开垦出层层梯田，创造了中国最具特色的高山灵石梯田景观。

灵山梯田

雄霸天下

雄霸天下

华表峰是灵山上的擎天一柱，高达百余米，上下一般粗大，峰壁平削光滑，峰体条纹纵横，令人不禁为大自然的鬼斧神工所折服。

茗洋湖

灵山茗洋湖，是高山平湖，4000多万立方米的蓄水，像一面神奇的镜子，映照着灵山秀色，泛舟其中，歌吟垂钓，别有一番风味。

茗洋湖

水晶瀑布

水晶瀑布

灵山有36瀑，其中水晶瀑布依山数叠，形如飞练挂天，声如万钧雷霆，落差达230余米，为江南最长的花岗岩瀑布。

鲲鹏展翅

灵山石屏峰、登楼峰、聚讲峰组成的整体形象，宛如鲲鹏展翅，正振翅高飞，威猛异常。宋徽宗赐石人殿额“鹰护”二字便源于灵山主体形象“鲲鹏展翅”。

鲲鹏展翅

石人殿

灵山被列为“天下第三十三福地”，始建于东汉建武年间的灵山石人殿，香火鼎盛，自唐迄今，历经千余年，久盛不衰。

石人殿

灵山云雾

每当云雾蒸腾、飘浮在崇山峻岭之间，就会有壮丽的云海出现。那如烟如云的山岚雨雾或缓缓飘移、轻轻升腾，或汹涌翻滚、变幻万端。

灵山云雾

特色观赏和体验 UNIQUE SCENERY & FESTIVALS

石人庙会

在石人殿景区，每年的农历九月初一到初十，是一年一度的石人殿庙会。期间的十天时间内，本地及浙江、福建、安徽等外地香客都会如约前来，约有30万人。石人庙会自唐代始，至今1000多年仍鼎盛不衰。

石人桥灯又称板龙灯，历史悠久，始于晋、兴于唐、鼎盛于明清，代代相传，长盛不衰。千百年来，石人桥灯以其形式之独特、规模之宏大、气势之磅礴、玩灯技艺之高超、民俗风情之浓厚而闻名。2010年，石人桥灯入选江西省非物质文化遗产名录。

石人桥灯

灵山四季 SEASON

倒石地貌

灵山地处亚热带，受海洋性气候影响，属亚热带季风性湿润气候，具有气候温和、雨量充沛、四季分明、无霜期长等特点。年平均气温15.5℃，极端最高气温36.5℃，极端最低气温零下8.6℃。年平均降雨量2000毫米。

住宿 ACCOMMODATION

龙潭湖宾馆（五星）

上饶市吉阳中路6号

0793-7936666

京都国际酒店（四星）

上饶县旭日大道8号

0793-8459999

京都国际酒店

美食推荐 CUISINE

野艾果、糊豆腐、咸笋干、柴豆腐、豆豉果、荞麦夹。

购物指南 SHOPPING GUIDE

灵山石茶、中华土蜂蜜、上饶山茶油。

中华土蜂蜜

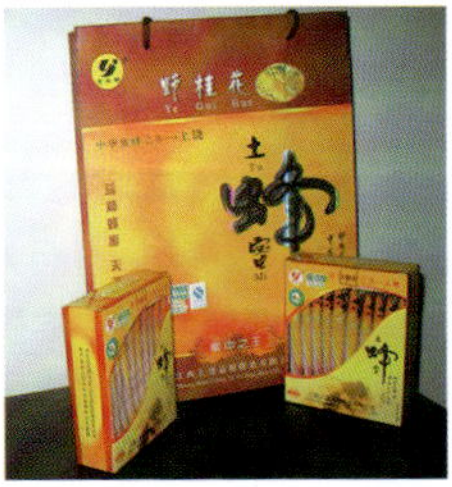
上饶山茶油

通天岩 风景名胜区

通天岩风景名胜区位于赣州市西北6公里处，面积5.6平方公里，是江西省级风景名胜区、全国重点文物保护单位、国家AAAA级旅游区、江西省十大文明风景旅游区。这里岩深谷邃、树木参天、丹崖绝壁、风景秀丽，是一处发育十分典型的丹霞地貌景区，因“石峰环列如屏、巅有一窍通天”而得名通天岩。景区具有“丹霞地貌独特、石窟文化深厚、文物古迹众多、生态景致宜人”四大特色。

通天岩现保存有唐宋石龛造像359尊，北宋至民国题刻128品，主要分布在忘归岩、观心岩、龙虎岩、通天岩、翠微岩五个岩穴中。此外，还留有北宋文豪苏东坡1094年与隐士阳孝本会晤地“阳公祠”、明代哲学家王阳明讲学之岩洞“观心岩”、蒋介石企图囚禁爱国将领张学良的“双桂堂”、蒋经国赣南执政时的避暑山房及舞厅等众多历史遗迹。

多年以来，通天岩石窟因其独特的地理位置吸引了众多游客纷至沓来，许多国家领导人及知名人士和专家也在通天岩留下了足迹。

管理机构：赣州市通天岩风景名胜区管理局

地址：赣州市章贡区水西镇

邮编：341000

电话（传真）：0797-8334418

邮箱：gztty4418@126.com

http：//www.tongtianyan.com.cn

唐代石龛造像

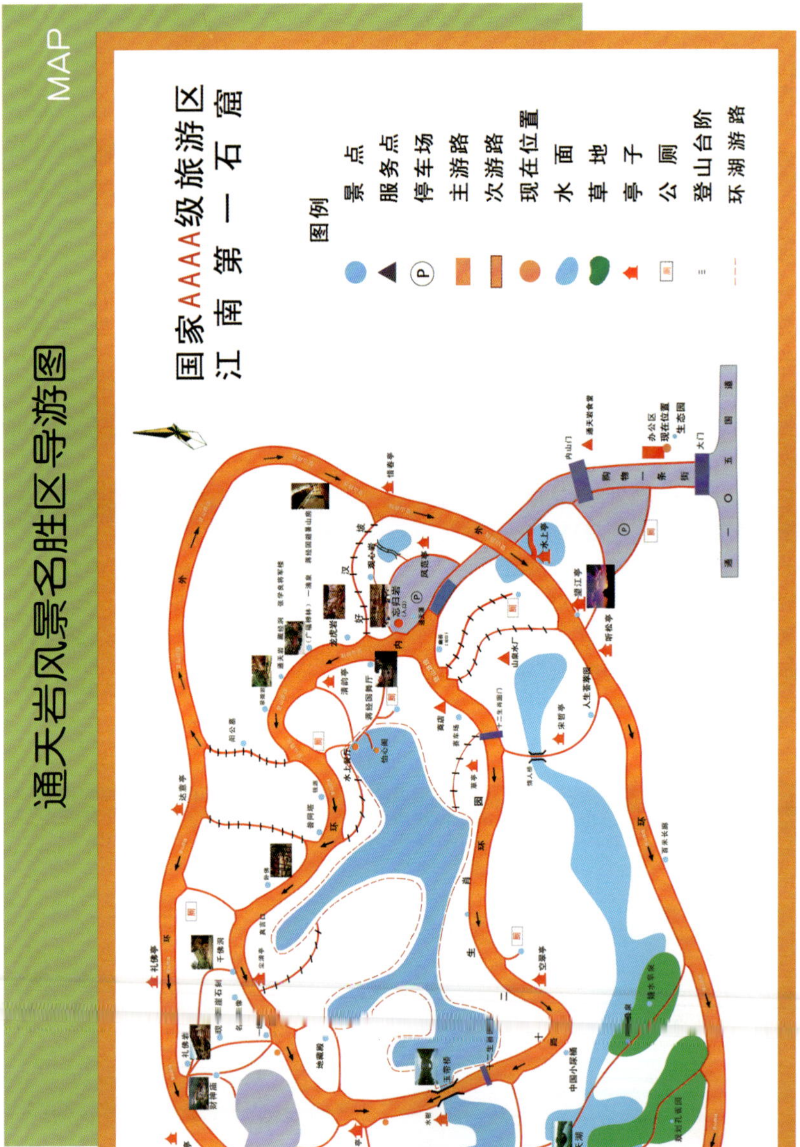
MAP
通天岩风景名胜区导游图
国家AAAA级旅游区
江南第一石窟
图例
景点
服务点
停车场
主游路
次游路
现在位置
水面
草地
亭子
公厕
登山台阶
环湖游路

交通 出行宝典 TRANSPORTATION

区外交通

赣州现已开通了至北京、广州、上海、厦门、南京、重庆、南昌、景德镇的航线。抵达赣州后乘K6机场快线在赣州移动大厅下车（6：30 —21：00，票价4元/人），到对面西园换乘18路旅游空调车直达景区（6：30 —21：30，票价2元/人）。

现有京九线通过赣州，有80多次列车经过赣州火车站。游客从赣州火车站至通天岩景区可乘坐18路旅游空调车，全程10公里，票价3元/人。

京沪高速、厦蓉高速、大广高速、赣瑞高速赣州北下向北行驶2公里。

旅游服务 TRAVEL SERVICE

游客中心

游客中心位于景区入口票务中心旁，内设游客咨询、投诉点、医务室，提供景区宣传资料、导游服务，提供游客休息设施等。票务中心提供门票购买、门票咨询等服务。

门票价格：票价60元/人次

游客中心

农家饭庄及客家菜馆在票务中心的左侧，可以提供200～300人同时用餐。

精品线路

山门—观心岩—忘归岩—龙虎岩—通天岩—翠微岩—普同塔—卧佛—现代石龛造像—西岩寺—现代摩崖题刻—财神庙—地藏殿—生态迷宫—情苑—晃桥—十二生肖园—幽谷—忘归岩

天湖

望江亭

滴水观音

千年古刹——广福寺

张学良将军楼

特色观赏和体验 UNIQUE SCENERY & FESTIVALS

通天岩属丹霞地貌，形成多处丹霞穿洞，如忘归岩、幽谷、礼佛岩。山谷中林木繁茂，植被覆盖率已达到88% ，绿地率83%，是“省园林绿化先进单位”。景区保留着白桂木、苏铁、月桂、香樟、罗汉松、白玉兰、斑纹竹、枫香等珍稀树种和植物。密林中鸟语花香，不时可见的竹鸡、野猪、黄麂、黄鼠狼等野生动物，仿佛在与您捉迷藏。

通天岩四季 SEASON

景区属于热带湿润季风气候，雨量充沛，无霜期长，年均气温19.4℃，历史年极端最高气温40℃，历史年极端最低气温零下4.2℃，年降水量1461.2毫米。四季分明，春季多雨水，夏季温度宜人，比市区温度低3～4℃；秋季短，冬季不寒；春秋天着衣两件，夏季短衫，冬季一件毛衣加外套。四季都适宜旅游出行。

住宿 ACCOMMODATION

锦江国际酒店

赣州市金东路88号

0797–8333333

价格：610元/间

赣电大厦

赣州市章贡区红旗大道29号

0797–8202388

价格：380元/间

赣州山水大厦

赣州市章贡区红旗大道25号

0797–8269298

价格：288元/间

香江湾大酒店

赣州市章贡区章江北大道40号

0797–7077777

价格：258元/间

赣龙大酒店

赣州市章贡区红旗大道50号

0797–8269160

价格：178元/间

君嘉大厦

赣州市杨公路8号

0797–8166888

价格：单间158元/日，标间198元/日

赣州星期八假日酒店

赣州市章贡区大公路104号

0797–8246666

价格：109元/间

以上价格仅供参考，以实际为准

美食推荐 CUISINE

当地以客家菜为主。特色菜有酿豆腐、四星望月、炒东坡、东坡肉、荷包胙、炒子鸭、赣南小炒鱼。当地还有烫皮、鱼丝、多味花生等众多土特产品和小吃。

酿豆腐

四星望月

购物指南 SHOPPING GUIDE

宣传光碟、太阳帽、属相挂件、扑克牌、旅游画册、《丹崖悠悠》等书籍。

罗汉岩 风景名胜区

罗汉岩风景名胜区位于瑞金市壬田镇境内，地处赣闽交界，武夷山脉西麓，属典型的丹霞地貌，海拔高达500多米，风景资源十分具有代表性。她融湖、潭、谷、岩、峰为一体，以其“峰险、岩奇、洞幽、泉清、水秀”著称，有奇峰怪石，峡谷深潭，悬崖飞瀑，秘洞峭谷。既有大多丹霞地貌奇、险、峻的一面，又具有妩媚婀娜、俊秀多姿的景观特征。

罗汉岩又名陈石山，相传南北朝时期陈武帝（陈霸先）曾率兵驻扎于此，凭借地势险要，以少胜多，打败敌人，后来便将此山唤做“陈石山”。神通广大的伏虎禅师在此经过，发现此地为绝妙的道家清修之地，遂在此筑舍而居，传业布道，掘地得十八尊石罗汉，人们便将山岩唤做“罗汉岩”。由于罗汉岩集陈石山风光之大成，久而久之，成了陈石山的代名词。唐宋以后，罗汉岩便成为赣闽边界风景名胜地和宗教名山，历代官宦缙绅、文人骚客和游方僧众等多有登临。清初，当地农民起义领袖许胜可联络闽广农民，在罗汉岩筑寨练兵，反抗官府。到了近代，太平天国干王洪仁玕带着幼王洪天贵福率太平军余部屯兵罗汉岩抗击清军一年零四个月，他们利用天然洞穴构筑的区事遗址遍布全山。在苏区时期，毛主席曾登临罗汉岩并采到治好疟疾的草药，红军长征以后，罗汉岩又成为汀瑞游击队坚持革命斗争的重要据点。罗汉岩是一个融人文景观与自然景观、宗教圣地与观光游览为一体的理想旅游观光胜地。

罗汉岩目前已开发了三个游览区：即罗汉岩游览区，驼背岩游览区，陈石湖游览区。主要有“罗汉岩”摩崖石刻、试剑石、蜡烛峰、神龟出水、慈恩亭、弦月湖、海云寺、十八罗汉园、罗汉岩（大岩洞）、丹壁岩、一线天、油箩潭、猴子观井、太平军抗清遗址、三叠泉、驼背岩、好汉坡等35个景点，126处景物景观。

管理机构：瑞金市罗汉岩风景名胜区管理局

地址：瑞金市城西工商银行附属五楼

邮编：342500

电话（传真）：0797-2351199

邮箱：lhyfjmsqglj@163.com

罗汉岩

交通 出行宝典 TRANSPORTATION

罗汉岩风景名胜区距瑞金市区20公里，紧靠206国道，离厦蓉高速公路瑞金入口处10公里，交通十分便利。

游客乘火车到达瑞金后，可坐公交汽车到新车站，然后在新车站搭乘直接到罗汉岩的公交车，车费大约6元/人。

精品线路

祈福之旅

撑腰岩—蜡烛峰—慈恩亭—罗汉古寺—弄泉—油箩潭—猴子观井——一线天—感应寺—千丈崖—剑门—望龟石—丹壁岩—晒衫岩—大岩洞—神龟出水—海云寺—弦月湖—试剑石

休闲之旅

撑腰岩—蜡烛峰—慈恩亭—神龟出水—大岩洞—晒衫岩—丹壁岩—海云寺—弦月湖—试剑石

探险之旅

撑腰岩—蜡烛峰—慈恩亭—神龟出水—大岩洞—晒衫岩—丹壁岩—望龟石—剑门—感应寺—千丈崖—大寨雄关—驼背岩—三叠泉—锦绣谷—三号码头—陈石湖—二号码头—清凉峡—弦月湖—试剑石

蜡烛峰

体形上大下小，峰顶长着一棵柏树，风起的时候，树叶迎风摇曳，整座石山就像一支熊熊燃烧的蜡烛，因此取名为“蜡烛峰”。

蜡烛峰

罗汉岩四季 SEASON

瑞金地处亚热带季风湿润气候区。境内气候温和、四季分明、日照充足、热量丰富、雨量充沛、无霜期长。区内年平均气温19℃，一月平均气温7.4℃，七月平均气温28.2℃，年无霜期272天左右，年均降水量1687毫米，集中在四到六月份。

美食推荐 CUISINE

鱼丸、李德鸭、五谷丰登（玉米、红薯、紫薯、芋头、花生）、肉圆、壬田豆腐、牛肉汤。

红都炸芋包

五谷丰登

芋子饺

肉圆

购物指南 SHOPPING GUIDE

李渡毛笔、丁坊酒、南昌瓷板画像、麦饭石高级保健茶、兴国甜橙、龙南坳背梨、崇义阳岭茶、盘古银毫、棉枣、绞股蓝绿茶、牛心柿、小布金橘。

梅关—丫山 风景名胜区

梅关—丫山风景名胜区位于江西省西南部的赣州市大余县境内。大余地理位置十分重要，为古代兵家必争之地，也是昔日“海上丝绸之路”的重镇，素有江西“南大门”之称。宋代苏轼形容为“大江东去几千里，庾岭南来第一州”。

梅关—丫山风景名胜区由梅关景区、丫山景区、牡丹亭景区、三江口景区四片及河洞温泉独立景点构成，总面积58.9平方公里。风景名胜区的自然景观以植物群落为胜，人文景观以历史遗迹为胜，是一处理想的怀古、观光、休闲胜地。其风景特色可概括为千古驿道、牡丹亭源、灵岩古刹、庾岭章源。

明代伟大的戏剧家、文学家汤显祖两次逗留南安，创作了浪漫主义杰作《牡丹亭》，文因景颂，景因文传。

1935～1937年，项英、陈毅等老一辈无产阶级革命家，在梅岭一带进行了艰苦卓绝的游击战争，开辟了红色赣粤边根据地。陈毅写下了气贯长虹的《登大庾岭》、《偷渡梅关》、《梅岭三章》等革命诗篇。

大庾岭梅花，南枝花落北枝始开，自古称异。历代名人的传世佳作达200余首，构成了梅关古驿道清香不绝的梅文化。

1995年，江西省人民政府公布梅关—丫山风景名胜区为第一批省级风景名胜区。2001年，大余梅关森林公园被列为国家森林公园，面积5300公顷。2001年12月，江西省委、省人民政府为培育爱国之情，激发报国之志，正式将景区命名为省级爱国主义教育基地。

管理机构：大余县风景名胜区管理局
地址：大余县公务写字楼一楼西侧
邮编：341500
电话（传真）：0797—8722063
邮箱：jxdylyj@126.com

梅关—丫山

MAP

梅关—丫山风景名胜区导游图

交通 出行宝典 TRANSPORTATION

景区毗邻323国道，赣韶高速公路，赣韶铁路（建设中）。

大余车站每日都有大巴穿梭于韶关、赣州、南昌、广州、深圳、东莞、珠海等城市，全程高速、方便快捷。县城内有旅游公交到达梅关风景区。票价单程5元/人，路程9公里。

自驾游的游客可以选择赣韶高速，由大余站出，见中石化加油站左转约1公里见景区指示牌，3分钟可到达景区，内有大型停车场。

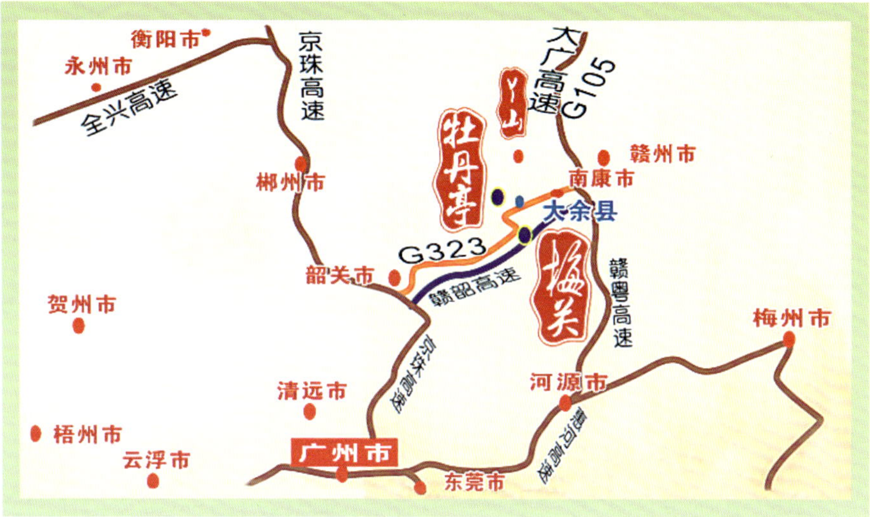

区域交通图

旅游服务 TRAVEL SERVICE

梅关景区提供导游讲解，费用100元/次，需提前预约。

票价：20元/人

0797—8772293

梅关景区

梅关景区位于大余县城南10公里处梅岭山麓。现景区规划面积3.01平方公里，景点20余处。梅岭又称大庾岭，居五岭之首，为赣粤两省天然屏障，海拔746米。岭上梅关与古驿道，为古代中原通往岭南的交通要冲，是历代兵家必争之地，作为历史上中原通往岭南及海外诸国的“海上丝绸之路”中的重要陆路通道，在中国历史上具有重要的影响地位。

景区主要景点有千年古驿道、梅关关楼、庾岭驿站、千年古枫、庾将军祠、状元祖墓、陈毅隐蔽处、庾岭史墙、精品梅苑、南方三年游击战争纪念馆等。是一处以名胜古迹、自然景观、人文景观、红色旅游为主，融娱乐、健身、观光为一体的怀古观光、爱国主义教育、休闲度假型综合景区。

精品线路

观景平台—史诗墙—中心广场—牌楼—接岭桥—驿站—千年古枫—憩云亭—重来梅国碑—状元祖墓—望梅阁—关楼

关楼

关楼位于梅岭隘口，地势险要。秦始皇统一全国后，始在大庾岭设关，并派重兵戍守。宋嘉祐八年，南安知军蔡挺筑关楼于梅岭隘口，并立石表曰“梅关”。关楼为砖石结构，雄跨赣粤两省，两侧石壁对峙，东西横卧。坐北朝南，居高临下。关楼南面嵌有阴刻“岭南第一关”匾额。南门两侧有清光绪时李化题写的“梅止行人渴，关防暴客来”的门联。北门关楼上书“南粤雄关”四字。

关楼

千年古枫

古枫是驿道的历史见证，与一般枫树不同，高有43米，树径六个成年人才能合抱。秋季枫叶由青变黄，再转橙红、变紫，一棵树上五颜六色，构成一幅秋风、红叶、夕阳、霜满天的画图，甚是好看。当地居民认为是张九龄显灵，因而古枫又名九龄古枫。

千年古枫

古驿道

古驿道开凿于唐开元四年（公元716年），约有1300年的历史。由著名的宰相、诗人张九龄主持开凿。古驿道是我国古代海上丝绸之路的陆路枢纽，连接了长江水系的章江与珠江水系的浈江，共40公里，现保存完好的只剩下4公里。在古驿道的两侧还有许多茶亭、驿站以及后人所立的诗文碑刻。驿道两旁遍植梅树，冬赏寒梅，夏尝青梅。

古驿道

丫山景区

丫山，位于大余县城东约10公里，交通便捷，距正在建设的赣韶铁路大余火车站仅3公里，距赣韶高速出口9公里，距赣州黄金机场55公里。景区面积3.3万亩，因最高峰双秀峰呈“丫”形而得名，是一处以山、林、泉、湖、瀑、洞、石等自然生态景观和儒、释、道、理学文化等人文历史景观构筑而成，以“生态秀美、人文醇厚”为突出特色的风景名胜区。

丫山生态环境优越，森林覆盖率达92.6%，有700多种野生植物，120余种野生动物。景区内林深树密，秀木参天，空气清新，负氧离子含量极高，堪称“城市绿肺”。景区内有石门平湖、龙鼎湖、卧龙谷、灵岩古寺、高山茶园、百亩竹林、真君洞等30余处景点。丫山脚下，水面达6.6万平方米的石门平湖，水天一色，两侧群山耸峙，竹海涛涛。泛舟湖上，既可与蜻蜓、蝴蝶共舞，亦可孤舟独钓，如佛似仙。走进农庄，细细体会客家人的纯朴民风，尽情欣赏农家风光。卧龙谷内“九瀑九潭两洞一台”的瀑布群落景观尤为壮观，大小瀑布神态各异，似玉女含羞，如百凤归巢，疑飞龙出云，像清帘叠挂，壮观处瀑击涛喧、震山撼谷，明刑部侍郎刘节赞说：“高岩飞瀑洒飞泉，恍似银河落九天。”山腰上，一垄垄、一层层翠绿的高山茶园宛如漂浮在山间的绿色飘带。每到山花烂漫的季节，漫山遍野的杜鹃就把大山染成了红的海洋，各样野花洒落在山间谷里，幽香阵阵。

丫山历史悠久、人文渊远。“灵感三千界，岩藏五百僧”的南唐名刹——灵岩寺坐落山中，六祖慧能到此讲播慈悲佛法，宋德贤法师在“片石云飞”上悟出“片云出洞本无心，流水下山非有恋”，一时间，成为佛教圣地。真君洞内许真君修行悟道，度化孝龙的故事千年流传。张九龄、苏东坡、周敦颐、程颢、程颐、张九成、朱熹、王阳明等名人大家在此流连忘返，创出佳作。

灵岩寺

灵岩寺始建于南唐，后宋皇祐、元祐年间，明天顺年间曾先后修葺。清乾隆盛世加以扩建，殿宇更为宏伟。咸丰八年寺毁于兵乱。光绪十六年（公元1890年）经僧人普云、普会募化重建。寺坐北朝南，依山势呈台阶式布局。具有明代建筑风格的砖木结构建筑群落，是“江西有数，赣南为盛”的佛门圣地，自此香火更盛。每年农历十月初一至十五日举办法会时，远近来山进香、游览的人士络绎不绝。

牡丹亭景区

牡丹亭景区位于大余县城东部的东山山麓，距323国道上的梅关大桥东100米，规划面积35.49公顷。景区前身是古代南安府衙的后花园。明清时期，南安达到了其鼎盛的繁荣时期，其后花园也随之名扬天下，不仅是一处以名胜古迹、地文景观、风土人情为主，融文化、古迹、建筑、娱乐为一体的主题景区，也是国内著名爱情圣地。

牡丹亭景区文化内涵丰富，建筑精美，景色宜人，花木品种繁多，四季有花可赏，园内多为百年大树，位于章江河畔的南安东山大码头是章江保存最完整的一座码头，上面还有一个龙头栓，码头台阶以及岸上的四根柱子都完好地保存至今。

主要景点有：牡丹亭、牡丹后花园、南安古商城、牡丹戏院、文化展览馆、芍药栏、玉池精舍、舒啸阁、绿荫亭、丽娘冢、梳妆台、梅花观、焦龙亭、南安东山大码头遗址、正觉寺、魁星塔、文昌亭。

牡丹亭

精品线路

牡丹亭—芍药栏—玉池精舍—舒啸阁—绿荫亭—梅花观—南安东山大码头—焦龙亭—正觉寺—魁星塔—文昌亭

三江口景区

三江口原始森林位于县城西北23公里的洪水寨南源山中，海拔400～900米，属省级森林公园，现存林木在三江口河两岸，约5公里长，总面积1200万平方米。进入三江口林区，可见古木参天，浓荫蔽日，沿途峰峦叠嶂，沟壑纵横，且多处瀑布错落其间，自然景观绚丽多彩，山上既有美丽的白鹇，也有珍贵的獐、鹿等。河谷多大青石，像牛、像猪，形态各异，千姿百态。全年气候凉爽宜人，平均气温15.6℃，是天然的避暑胜地。三江口原始森林公园规划占地面积22万平方公里，其中原始森林3万亩。景区处于未开发状态。

河洞温泉

国内罕见的融漂流与温泉为一体的休闲度假景区。位于大余县河洞乡热水村内，距县城35公里，有县际公路直达景区。是江西省唯一的集温泉、漂流于一体的休闲度假型景区。河洞温泉因山前常年涌冒温泉，故名“热水”。常年水温在35～43℃。蒋经国任赣州专员时，曾到温泉沐浴，浴后嘱河洞乡公所建一浴亭，以供村民泉浴，至今保存完好。

“章江源头第一漂”，因位于章江最上游而名，两岸绿荫婆娑，古木参天，怪石嶙峋，水清见鱼，景色幽雅，激流险滩，白浪飞溅。艇在河中漂，人在画中行。漂流间历九处急流险滩，全程约6公里，漂流时间约需70分钟。

章江源头第一漂

特色观赏和体验 UNIQUE SCENERY & FESTIVALS

梅花香雪海，岁寒三友图

最佳时间：12月～元月

最佳观赏位置：望梅阁、精品梅园

千年古枫

最佳时间：春秋季

最佳观赏位置：驿站

梅花香雪海

梅关一丫山四季 SEASON

梅关景区属中亚热带季风气候，温暖湿润，四季分明，日照充足。春温多变，夏涝秋旱，冬寒期短，无霜期长。年最高气温38.4℃，最低气温零下7.2℃，年平均气温18.53℃，年降雨量1563毫米。

住宿 ACCOMMODATION

章源宾馆（四星）
　价格：320～880元/间
三和酒店（准三星）
　价格：198～398元/间
豪美商务宾馆（准三星）
　价格：138～268元/间
金莲山宾馆（准三星）
　价格：218～418元/间
西华山宾馆（二星）
　价格：128～188元/间
家兴酒店
　价格：120～180元/间

以上价格仅供参考，以实际为准

美食推荐 CUISINE

糯米薯莨酒：属大余传统的具有浓郁地方风味的待客佳肴，2000年被认定为第一批“江西名小吃”。此酒香甜可口，活血补气，还有滋阴益肾、保健养生的奇特功效。采用的原料是薯莨（薯蓣科）及当地糯米酒。

购物指南 SHOPPING GUIDE

锡制工艺品、南安板鸭、多味花生。

荷花图酒具

清明上河图花瓶

小武当 风景名胜区

小武当山是江西省省级名胜风景区，矗立于最南端的赣州市龙南县境内，素有江西大门之称。东接广东省和平县，南邻广东省连平县，西靠九连山亚热带原始森林，北起龙南武当镇。小武当山属丹霞地貌，总规划面积约13.5平方公里，主峰海拔864米。九十九座奇峰从平地破势而出，巍峨挺立，绵延十数公里，犹如一幅美妙的画卷，沿105国道徐徐展开。其主要特点有：

峰“奇”石异。小武当山峰峦起伏，移步换景，构成一幅“十里画廊”丹霞山水壮美画卷。将军峰与小武当峰并排而立，双象凌空、金龟出山、玉兔奔月、定海神针、神猴亮相、情侣峰、姊妹峰、王母峰、众僧朝圣、五女拜寿等景点姿态雄伟，气势磅礴。

林“幽”润碧。景区树茂林丰，山色葱郁，翠竹、灌木、山花等杂立其间，愈显婀娜多姿。登山道路两旁种满杨梅树和桂花树。每逢八月桂花绽放，漫山的芳香令人心旷神怡。“武当圣庙”附近竹林幽径，是人们静心养性的好去处。

“险”峻峡谷。在小武当峰与将军峰之间的大峡谷，有“小一线天”和“大一线天”等险要峡谷景观，其间怪石林立，抬头仰望，只见天开一线，从天空中撒下一缕阳光，将一线天景观装点得绚丽无比。铁锁云梯将一条铁链悬挂于石壁中，供爱好探险者前往攀登；宏伟的现代建筑寒谷飞虹宛如空中彩虹，桥底的寒谷则深不可测。

“秀”水流丽。小武当山及其邻近区域水体景观资源丰富，有武当小瀑布、小武当溪、九连溪、石下溪流、小武当仙泉、石下水库、上排湖等，与十里画廊峰林奇景相映成趣，景色迷人。

景区内旅游资源异常丰富，不仅拥有以“奇、幽、险、秀”为典型特征的丹霞自然山水风光，还拥有历史悠久、内容丰富的客家传统物质文化景观，以及具有深远影响、惠泽东南亚的佛教祖庭。

管理机构：龙南德利旅游管理有限公司
地址：赣州市龙南县小武当山风景区
邮编：341700
电话：0797-3576081
传真：0797-3506588
邮箱：keke_1997@163.com
http：//www.longnanlvyou.com

小武当全景

MAP

小武当风景名胜区导游图

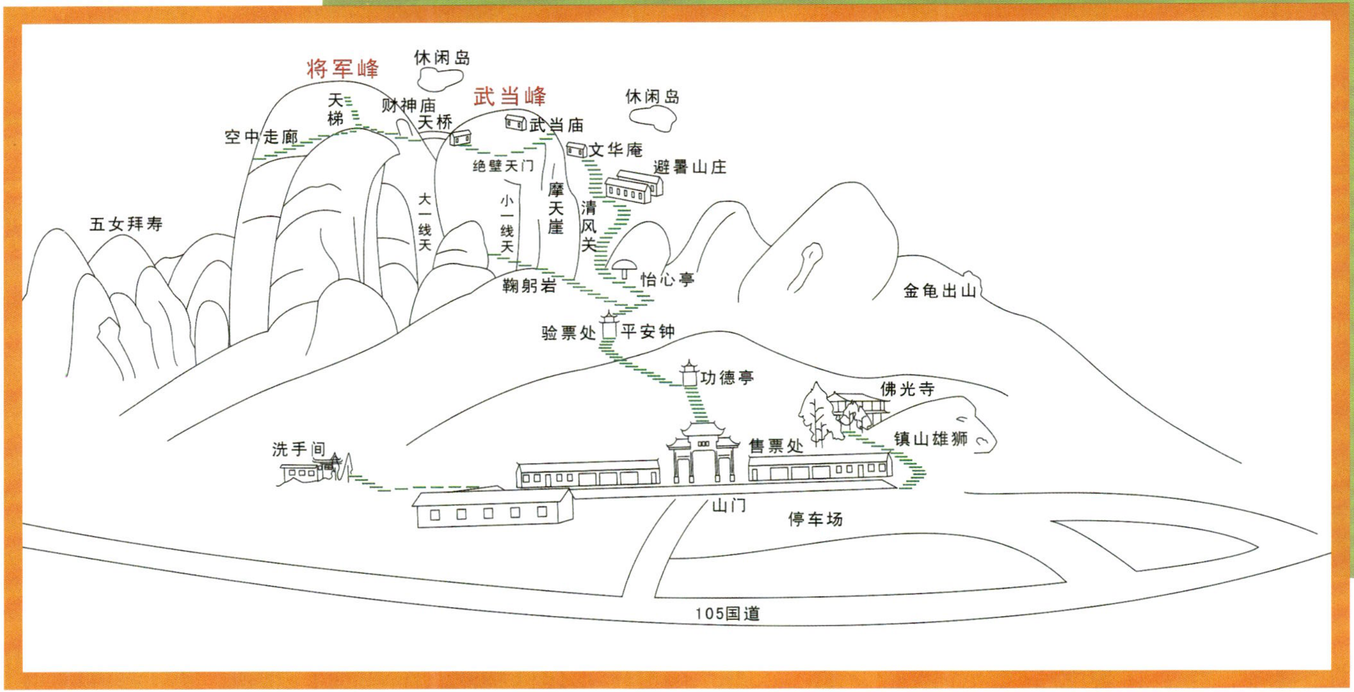

交通 出行宝典 TRANSPORTATION

（一）区外交通

景区距赣州黄金机场150公里左右，从景区乘车到机场需2小时左右。

景区距龙南火车站60公里，车程约1小时。城区有公交专线到达火车站，游客可在火车站坐车到龙南各地游览观光。

景区距离赣粤高速公路龙南出入口约56公里，大概50分钟车程。建设中的大广高速杨村出口离景区约8公里，仅10分钟车程即可到达景区。

特别提示

进入景区游客中心的前端龙关公路旁建有专门的生态停车场，总面积达5000平方米。

（二）区内交通

景区游览主要采用环形游步道，共约4.5公里。每一条游步道风格各异，很有特色，与周围的景观巧妙搭配，十分和谐。主要有三种特色游步道：一是围绕着青山绿水、踏着鹅卵石小路、全生态的游步道，颇为惬意安适；二是在游览中心位置为游客设置了既可休息又可观赏周边生态景观还可遮风挡雨的百米休闲长廊；三是在游步道设置客家堂名林，既可欣赏绿色生态又可研究客家堂名。

旅游服务 TRAVEL SERVICE

小武当游客中心坐落于景区龙关公路旁生态停车场出入口，占地2000平方米。中心分二层设计，内设影视厅，提供饮水、电视、景区宣传资料、游程线路图、导游服务、饮料纪念品服务。小武当山导游6名，包括英语语种导游等。宣传资料包括景区的简介、宣传指南、宣传画册、宣传光盘等。同时，有工作人员提供咨询服务。

精品线路 a

八合广场—功德亭—平安钟—鞠躬岩—小一线天—大一线天—文华庵—绝壁天门—天桥—空中走廊—文华庵

精品线路 b

平安钟—清风观—休闲岛—文华庵—绝壁天门—天桥—空中走廊—文华庵—大一线天—小一线天—鞠躬岩—平安钟

石林长廊

石林长廊分为武当胜地、叠翠峡谷、南海行猿三大区域、54处景物景观。山门前自南向北有金龟出山、玉兔奔月、定海神针、神猴观景等景点；有雄伟壮观的小武当山大象鼻底下的石崖鞠躬岩景点，巨大的山岩似乎将要倾倒在地，如同靠一小块方形石岩将石根底部顶住，摇摇欲坠；有狭长的山谷“小一线天”和“大一线天”，狭长的山谷仅容一人通过。在小武当峰与将军峰之间的大峡谷“大一线天”，抬头仰望，只见天开一线，绝顶处石壁间有一天桥，宛如小树枝那么细小；过了天桥后，走在将军峰空中走廊上，周围奇幻无穷的叠翠峡谷、五女拜寿、十里画廊、王母峰、神鬼攀崖、玉笔刺天等景观争相竞艳。登上主峰，回首俯瞰，群峰叠翠，将军峰、王母峰壁立万仞，犹如刀劈，险峻无比；极目远眺，南天玉屏，群山竞秀，云腾雾绕，田畴如画。

探索云梯

出一线天往右转就是小武当山著名的探索云梯景点，是登武当峰览胜的铁索之道，仰视可见一条铁链悬挂于石壁之中。以前的游人香客欲上峰顶观光朝圣，必须鼓足勇气攀缘而上。为了方便游人上下，现已建成登峰阶梯，铁链悬挂于石壁，供有胆识的探险爱好者尝试古之韵味。

寒古飞虹

寒古飞虹是跨越深谷的钢架天桥，是连接小武当峰与将军峰的主要通道，桥长约50米，宽2.3米，两边网型钢筋护栏呈拱形，宛若空中彩虹，桥底寒谷深不可测。置身桥上，云雾缥缈，令人感觉进入了仙境，如痴如醉。

观音圣水

小武当山河流清澈，泉水景观较多，典型的有观音圣水。泉水自岩中流出，游人冷饮心甜，泡茶醇香，喝上几口能醒脑益智，令人心旷神怡。

武当圣庙

武当圣庙始建于明代崇祯年间，清代乾隆三十四年重修，现仅存重建武当的新碑等文物古迹。“武当佛堂”两侧写有楹联一副曰：“武力不如法力力修力行力做善；当仁何必仍仁仁心仁德仁为宗。”取联首二字合并成“武当”。由于历史的变迁，古庙曾被毁坏，于20世纪90年代再度修整，现有高大雄伟的“武当佛堂”，是游人香客必到之处，随着游客的不断增加，香火日益旺盛。

小武当组图

映莲夕照

过武当圣庙经竹林幽径，至武当峰西崖便是映莲夕照，这是小武当山开山祖师钟有能（法名释映莲）老和尚的崖葬之墓。据传，他幼年出家，静心养性，习武研佛，布善施医。至一百四十九岁修成正果，于西崖洞穴坐化圆寂，三年尸体不化，后得道升入仙界。

特色观赏和体验 UNIQUE SCENERY & FESTIVALS

龙南县是客家人的重要聚居地，包括历史文化遗迹、姓氏宗教文化、方言文化、民居文化、饮食文化、服饰文化、民俗文化和民间文艺等方面的客家文化，内涵丰富。

香火龙 龙是客家人的精神图腾，每年元宵节，栗园围都会举行香火龙表演，围屋内外锣鼓声声，鞭炮阵阵，“稻草龙”上插满点燃的香，舞动时整条龙星光闪闪，“四柱落井”、“黄龙缠柱”、“黄龙摆身”等惟妙惟肖的表演让人惊叹。2007年，龙南香火龙被列入赣州市第一批非物质文化遗产名录。

太平龙舟会 每年端午节，杨村镇都会在大池塘中举办龙舟会。太平龙舟盛会为期5天，包括龙船下水、参赛船队报名、龙船会、进村扫邪、龙舟预决赛、颁奖、游船。除了龙舟赛之外，每年的农历五月初一至初五，客家人还分别举行龙船下水、村宴、祭屈原等十多项民间端午节活动。

过山溜 在杨村、九连山、夹湖、武当、南亨等乡镇，“过山溜”长盛不衰。它曲调高亢奔放，节奏自由，为上下句结构，上句用衬字“喔喂”、“哎答”开始，最后以衬字“哎答”结束。高亢悠远的山歌透露着客家人战胜困难的决心与勇气。

采茶戏 赣南自古盛产名茶，该地区向来有民歌性质的采茶歌和民舞性质的采茶灯活动。采茶戏载歌载舞，气氛轻松活泼，语言幽默风趣，融民间口头文字、民间歌舞、灯彩于一体，具有浓郁的生活气息。其剧目多以喜剧、闹剧为主，很少正剧和悲剧。

过山溜

太平龙舟会

采茶戏

小武当四季 SEASON

小武当山气候属中亚热带季风气候，气候温和，雨量充沛，四季分明，干湿明显，冬夏时间长，春秋时间短。小武当山由于海拔相对较高，植被茂密，形成独特的小气候。年平均气温17℃，月均最高气温24℃，最低气温7℃，凉爽宜人。特别是当南方已到烈日炎炎、暑气逼人的夏天，小武当山依旧凉风习习，温度适中，是避暑的好地方。小武当山为多雨地区，年降水量在1700毫米左右，雨季主要集中在4～6月。

春景：小武当山春天来得很早，当北国还是千里冰封、万里雪飘的时候，小武当山已是百花盛开、争奇斗艳、鸟语花香之时，满山绿枝嫩芽随风摇曳，夹着泥土的清香，使人身体上的每一个细胞都舒爽起来。簇簇木莲、木兰、山苍、杜鹃点缀绿树丛中，或白，或粉红，或淡紫，或淡黄，微风阵阵，鸟语声声，令人沉醉。

夏景：夏日，当外面是“三伏炎蒸人欲死”，小武当山却是“清凉到此顿疑仙”。万木葱绿，鸟语花香，空气湿润而清新，到此处居住，既可避开城市的炎热，又可尽情享受“森林氧吧”，增长知识，调整身心。

秋景：春华秋实，天高气爽。秋季是到小武当山旅游的最佳季节，或登主峰，览尽各色景观；或观鸟，聆听鸟语啾啾；或森林浴，呼吸满山深绿；或提篮拾果，融入自然，尽情享受。

冬景：小武当山冬暖夏凉，冬景淡化，而秋韵正浓，观赏各种动植物，漫步于林间曲径，耳闻群鸟歌唱，与自然融为一体，感受大自然的天籁之音。

小武当春景

住宿 ACCOMMODATION

福平酒店

龙南县新都社区龙泽居

0797–2020000

富业大酒店

龙南县金水大道500号

0797–3575888

迎宾楼

龙南县濂江路1号

0797–3575999

开泰宾馆

龙南县金水大道361号

0797–3536399、3529888

美食推荐 CUISINE

龙南客家的饮食文化丰富多彩。由于龙南县紧挨广东，因此龙南客家风味菜各派兼收，其制作以本地特产原材料为主，讲究火工，擅长烧、炒、炖、焖、蒸；在质地上，讲究原汁原味、油而不腻、口味浓郁、咸鲜兼辣，可谓源于天然，归于自然。

客家菜肴与小吃的原料大多来自大米、薯粉、韭菜，虽材料单一，却花样百出。任世事浮华，客家的饭馆里依然保持着古韵古风，土木桌椅，坚实亦拙，土钵土碗土罐……这一切格外能引领远行人归来，一解思乡情。

推荐

酿豆腐、捶鱼、客家炸春卷、客家米酒、龙南板栗、杨村香菇、擂茶。

酿豆腐

捶鱼

客家炸春卷

擂茶

购物指南 SHOPPING GUIDE

客家特产如客家米酒、花生巴、紫皮大蒜、龙南板栗、黄元米果、杨村香菇、红袍柑等早已驰名海内外。冬头帕、花带、拦身裙等饰品更能装点出别样的民族风情。

杨村香菇

客家米酒

聂都 风景名胜区

聂都风光

聂都位于赣州市崇义县西南边陲，湘、粤、赣三省交界处，总面积109.9平方公里，距崇义县城50公里。据《隋书地理志》载：相传昔有聂姓者开都以聚民，故名“聂都”。东眺赣州，南扼梅关，雄视广东南雄、仁化，西俯湖南汝城、桂东，古为三省咽喉，南北要冲，今有背靠江西南大门，面向沿海开放城市的地理优势。境内众山壁立，峰峦绵亘，溪流纵横。四周山地连绵起伏，形成一道天然绿色屏障，把聂都6.8平方公里盘地围成了一口形似平躺的铁锅。

洞府是聂都的主题和特色。聂都南麓旗岭，中部狮子寨由剧烈褶曲的石灰纪石灰岩层发育形成了一个庞大的、有近30个千奇百怪的溶洞的大理石溶洞群。是国内三处大理石溶洞中最古老、发育最完全、景观最丰富的，有“大理岩溶第一洞”美誉。溶洞深邃幽妙，怪石嶙峋，洞道纵横，洞中有洞，神秘莫测，犹如雄伟的“地下宫殿”。

聂都是赣江支流章江的发源地。据《山海经·海内东经》载：“赣水出聂都东山，东北注江，入彭泽西。”源头于一深涧之中喷涌而出，高达丈许，蔚为壮观。

聂都人文底蕴深厚。古建筑有章源桥、永镇坦东桥，古寺庙均建于宋、明、清时代，民居、祠堂、老街等别具一格。境内非物质文化遗产名目繁多，有舞春牛、五马花灯、凳板龙、香火龙以及竹洞畲族树叶山歌等。有几项已列入省级“非遗”保护项目。

罗汉岩溶洞内存有明代大画家朱耷(即八大山人)的遗迹墨书题壁诗，仙鹤岩洞门口石壁上留有蒋经国先生题写的“扶植新赣南”五个大字。

聂都四周高峰环绕，森林密布，地形险要。古时盗贼常出没于此，谓设立关隘，为军事要塞之地。大革命时期，朱德、彭德怀、张云逸、王震等将领曾驻扎于此，并留下许多革命遗迹和传奇故事。

主要景点：溶洞群、石林、章江源、马尾水瀑布、坦东桥、章源桥、夫人庙、祝圣寺、云峰寺、三角街、野生柑橘林基地以及畲乡风情。

管理机构：崇义县聂都风景名胜区管理处

地址：聂都乡人民政府大院内

邮编：341308

电话：0797-3895005

邮箱：ndxzf005@163.com

ndhmyy0@163.com

MAP

聂都风景名胜区导游图

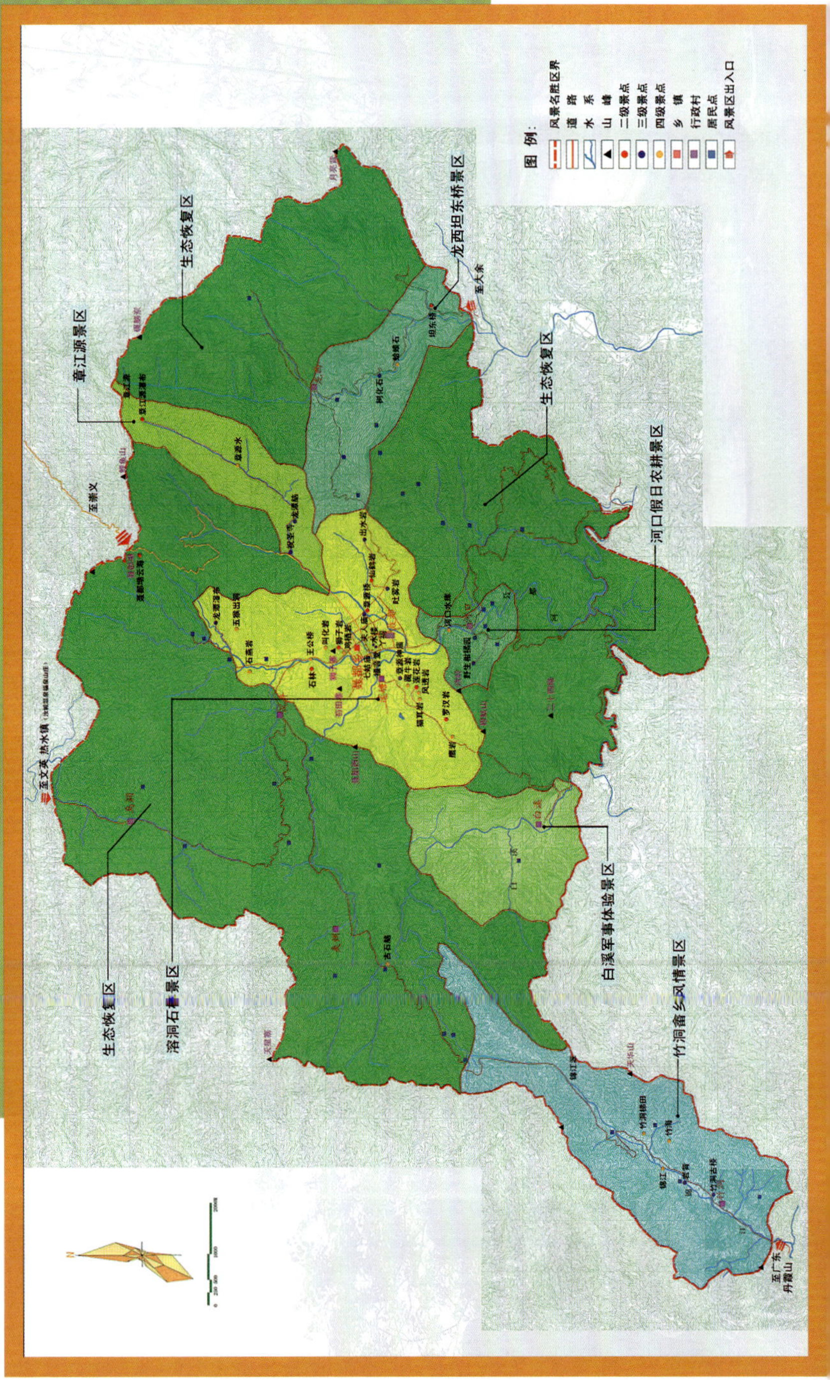

交通 出行宝典 TRANSPORTATION

聂都距赣州机场约137公里，车程时间约190分钟；距赣州火车站约138公里，车程时间约200分钟；距赣州汽车站约139公里，车程时间约205分钟。走赣粤高速公路，从南昌经吉安到赣州，全程343公里，车程约4小时；走赣丰线柏油路，从赣州经唐江、上犹到崇义，全程70公里，车程约1小时。厦蓉高速出口距离景区约为110公里，车程约140分钟。

崇义县城至聂都有长途汽车。路程50公里，车程70分钟，票价10.50元/人。

崇义—关田—聂都　上午：8：00—9：10；下午：1：20—2：30，4：00—5：10

聂都—关田—崇义　上午：8：00—9：10；下午：1：20—2：30

精品线路

祝圣寺—章源桥—夫人庙—仙鹤岩溶洞—狮子岩—石林—竹洞畲族民族村

祝圣寺

祝圣寺位于沙溪洞宝盖峰南麓，离圩镇2公里。清康熙十七年（公元1678年），岐山和尚复旧疆。1994年，由吴为德等首事筹资捐建重修。

祝圣寺

章源桥

章源桥位于距聂都村东0.5公里的聂都河上，建于清乾隆十四年（公元1749年）。属大理石步行三孔拱桥。为赣江上游章水源头第一座桥，又是楚粤古驿道通道桥。

章源桥

夫人庙

夫人庙位于聂都章源桥左侧，建造年代失考。据资料表明，夫人庙，顾名思义，应是祭祀闾山教师陈、林、李三位夫人的。

仙鹤岩溶洞

仙鹤岩溶洞位于聂都村东部，距圩镇不足1公里，有“大理岩溶第一洞”美誉，是聂都唯一一个对外开放的天然大理石溶洞，也是聂都溶洞群中成岩时间最早、发育最完整、景观最丰富的溶洞，因洞内有一对滴水数万年形似白鹤的钟乳石而得名。仙鹤岩溶洞洞道纵横、钟乳林立，石笋、石柱、石旗、石幔千姿百态。溶洞第六厅还有一块被专家确定为迄今为止世界上发现的最大的、也是极其罕见的倒石牙，为仙鹤岩的镇洞之宝。洞内冬暖夏凉，气温宜人，是修身养性的好场所，也是原生态旅游的胜地。

双鹤迎宾

倒石牙

古云峰寺

古云峰寺位于狮子寨半山中。即狮子岩口，建造年代失考。清康熙六年（公元1667年）重修。岩内古时立有《狮子岩阁序》碑文一块，今剩残碑。1996年重建后名称改为古云峰寺。

古云峰寺

狮子岩

狮子岩位于聂都盘地中部狮子寨的半山腰中。洞内有一大一小两个厅，两厅相接处，有一酷似狮子滚绣球的钟乳石，高约3～4米，旧有文昌阁建于洞口，后毁。

石林

在距圩镇不远的王公寨有一处约2000平方米的石岗，岗内怪石嶙峋，成群耸立，高低不同，形状各异，故名石林。石林经多次地质变迁和大自然漫长岁月的雕琢及几纪冰川叠加作用而形成。石林有奇之又奇的“生命之门”一景可与广东的丹霞山阴元石相媲美。

石林

竹洞畲族村

竹洞畲族村地处赣、粤、湘三省交界处，四面环山，是个典型的山区少数民族村，具有独特的风俗民情。竹洞畲族山歌用客家话兼粤语话唱，是盛行于竹洞畲族村的民间歌谣，列入省级非遗保护项目。

竹洞风光

特色观赏和体验 UNIQUE SCENERY & FESTIVALS

五马花灯

五马花灯以演唱的形式出现在聂都已有几百年历史。它是以西汉元帝时的宫人王昭君出塞和番这一故事为题材，以演唱和对话的形式从侧面反映“明妃”王昭君从出宫到和亲的故事。每年正月举行表演。

五马花灯

竹洞畲族山歌

竹洞畲族山歌是盛行在聂都乡竹洞畲族村的民间歌谣，用客家话兼粤语话唱，唱时往往即兴即情，脱口而出，情缠意绵；唱腔丰富多彩，节奏自由又富于变化。

竹洞山歌

聂都四季 SEASON

聂都地处中低纬度，属中亚热带季风湿润区，冬夏两季盛行季风，全年热量丰富，四季分明。雾日多，日照偏少，雨量充沛，空气湿度大，无霜期长。历年气温平均值为17.8℃，春秋两季平均气温20℃，夏季平均气温34℃，冬季平均气温16℃。

住宿 ACCOMMODATION

聂都主街上有章源饭店、章江宾馆、赣江宾馆、章源宾馆、聂都大酒店，均是20～80元/床位。

美食推荐 CUISINE

东坡肉、荷包胙、黄元米果、薯粉饺子、石斑鱼、红菇、香菇、野生淮山、笋干（玉兰片）、千层糕、炸豆腐、地龙、白鹇、竹鸡、蕉叶米果、艾叶米果。

购物指南 SHOPPING GUIDE

阳岭茶、聂都野生苦山茶、大山茶（石壁茶）、菌类、竹笋、山核桃、山野菜、野生蕨菜、魔芋、茶油、腊肉、米酒、野生淮山、蜂蜜。

玉笥山 风景名胜区

玉笥山风景名胜区位于峡江新县城西南2.5公里处，景区面积为47.5平方公里，核心景区面积为1.38平方公里。玉笥山原名群玉山，因山中有32座峰，并且每座峰都四季“削玉染黛”而得名。后因“汉武帝授上清箓于此，见有光如笥，遂改今名”。玉笥山1993年被评为省级森林公园，1995年被确定为省级风景名胜区，2009年被评为国家AA级旅游景区。

玉笥山有云腾飚驭祠、环玉阁、何君六石、汉帝金井、九曲十八井游步道、九仙台和紫霄化院等景点。山中高等植物有1400余种，动物有100余种。森林覆盖率85%以上，每立方厘米负氧离子达到6万余个。最高峰送仙峰，海拔521.1米。

玉笥山是道教名山，有道教三十六洞天的第十七洞天——大秀法乐洞天，地仙梁伯鸾所主之所；七十二福地的第八福地——郁木福地，真人赤鲁斑所主之所。一山兼揽洞天福地，天下罕见。山内最盛时有一阁、一池、二宫、二祠、二桥、三园、三庵、六宅、九亭、十二台、二十一观、三十六坛，有500道士在此修炼。唐宋时香火颇旺，《玉笥实录》记载：“兴唐以来，远近士民祈祷之盛，海内少见。”诸多历史名人都曾游历过此山。历代题咏玉笥山的诗文共有300余篇。孔丘明、骆法通、吴天印、张法枢、谢志空、周仙用、邹武君、谢幽岩、杨元中和何紫霄不堪骊山修墓之苦，逃匿于此，潜心修道，全部成仙，玉笥山因此名声远播。揭傒斯《承天宫记》载有：“天下称名山，大江之西有三，曰匡庐，曰阁皂，曰玉笥，而玉笥尤为天下绝境。”

管理机构：玉笥山风景名胜区管理处（峡江县旅游局）

地址：峡江县水边镇百花社区百花路

邮编：331409

电话（传真）：0796-3675738

邮箱：xjxlyj123@163.com

http：//www.xjly.7ta.cn

玉笥山

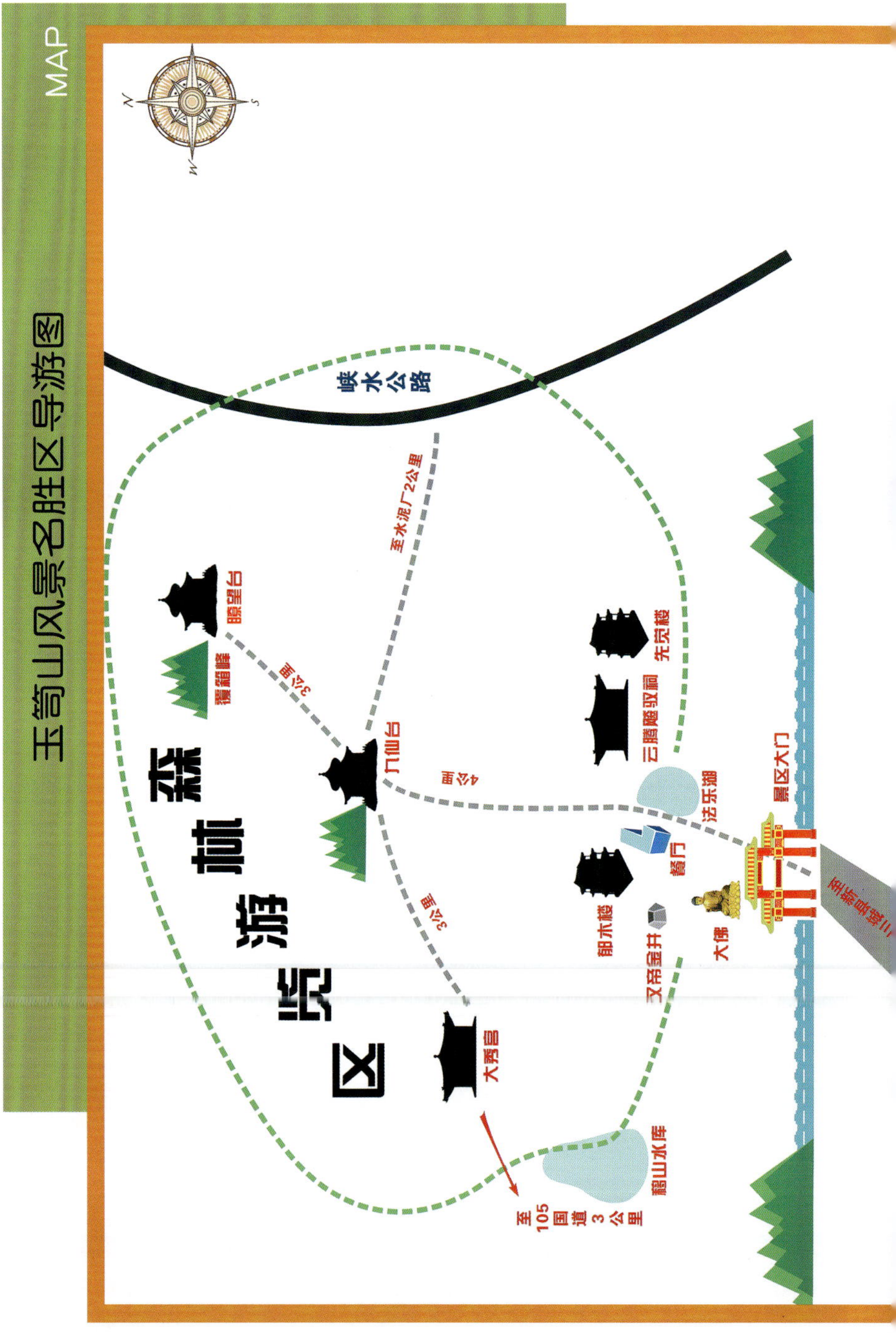
玉笥山风景名胜区导游图
MAP
N
S
W
峡水公路
至水泥厂2公里
晓望台
3公里
门仙台
4公里
3公里
先贤楼
云腾飚驭祠
法乐湖
景区大门
餐厅
郁木楼
汉帝金井
大佛
大秀宫
森林游览区
稻山水库
至105国道3公里

交通 出行宝典 TRANSPORTATION

（一）区外交通

吉安位于江西省中西部，赣江中游。境内有自北向南纵贯的京九铁路、105国道和由东向西的319国道及“三南”公路，是连接北京、西南、华南、福建、港澳地区的天然纽带；上可溯赣江沟通闽粤，下可泛鄱阳湖与长江相连，顺抵长江下游发达省市。此外，还有赣粤高速、井冈山机场。

玉笥山所在的峡江县，水、陆、铁路交通优势兼得。县城距省会南昌市137公里，距吉安市城中心70公里。105国道、京九铁路及赣粤高速公路南北穿境而过。水上交通便利，距县城10公里的赣江峡江段，长年通航，可达南昌、九江及长江各港口。从峡江出发乘车前往上海、杭州、温州、长沙、福州、合肥、南京、广州、厦门等地，12小时内均能抵达。

（二）区内交通

九曲十八井游步道在玉笥山云腾飚驭祠西南山谷中，东起郁木坑西侧，西至九仙台，全长约3公里。两边高山耸立、连绵不断，树木高大、枝繁叶茂，树上藤萝缠绕、摇曳多姿，路边溪流清冽、泠泠成韵。

旅游服务 TRAVEL SERVICE

玉笥山风景名胜区游客接待中心设在郁木楼。

门票价格：6元/人次

游客投诉 📞 0796-3675738

云腾飚驭祠

云腾飚驭祠位于玉笥山元阳峰南麓，原名云储寺，唐玄宗降旨修建，宋真宗御题匾额。祠内游客络绎，香火不辍。门前百花桥是宋代建筑，全部用石块裸垒，虽历经千年，仍坚固如初。

云腾飚驭祠

九仙台

九仙台位于送仙峰顶，该峰海拔521.1米，相传是孔丘明、骆法通、吴天印、张法枢、谢志空、周仙用、邹武君、谢幽岩、杨元中九人升天处。那里山色四时有别，气候顷刻不同，云霞晨夕各异，真是“人间仙境”。

九仙台

环玉阁

环玉阁位于玉笥山东北面，建于明代中叶，三层飞檐，黛瓦丹墙。原名大成阁，清朝峡江知县张九钺因四周怪石环峙而改今名。

环玉阁

紫霄化院

紫霄化院位于覆箱峰顶，该峰海拔486米，楼阁矗立在万顷林海之上，蔚为壮观，凭栏远眺，峡江远近一览无遗。

何君六石

何君六石位于玉笥山东北面，是典型的喀斯特地貌，有泰石、鹤石、仙人石、温涧石、龟石、紫宵石。景色独异，有江西的“石林”之称。

百花公园

百花公园位于新县城中心，建于1999年，占地面积200余亩。园内湖光潋滟，亭阁错落有致，树木葳蕤，花草争芳夺艳，环境优雅，空气清新。

百花公园

特色观赏和体验 UNIQUE SCENERY & FESTIVALS

玉笥山烫烙画葫芦、打河蚌原生态舞蹈。

玉笥山四季 SEASON

玉笥山属亚热带湿润性气候，气温恒定，雨量充沛，日照充足，四季分明，无霜期长。年平均日照1872.3小时，年平均气温17.6℃，年平均降水量1557.9毫米，年平均无霜期277日。

全年适宜游览时间为3～11月份。春天，山里杜鹃齐放，红艳夺目；桐花绽开，洁白耀眼；游客只需穿一件外套即可。夏天，山里树木葱茏，芳草萋萋；蝶飞蜂舞，涧流清冽；没有溽暑，游客只需穿一件汗衫即可。秋天，庙里香客熙攘，香火缭绕；山上红叶灿烂，各种野果随处可见；游客只需穿一件外套即可。冬天，山明水静、竹林森森；时有野生动物出没；没有严寒，游客只需穿一件毛衣或棉衣即可。

住宿 ACCOMMODATION

峡江宾馆
新县城百花路东端
0796–7186888
价格：168元/间

富达佳园
新县城大秀路西端
0796–3676661
价格：108元/间

颖都宾馆
新县城玉笥大道中段
0796–3696018
价格：188元/间

阳光大酒店
新县城玉笥大道北端
0796–3680058
价格：108元/间

丽鑫大酒店
新县城元阳路南端
0796–3696888
价格：78元/间

大上海酒店
新县城玉笥大道中段
0796–3695838
价格：128元/间

黄河酒家
新县城规划一路
0796–3674318
价格：98元/间

田园饭庄
新县城105国道旁边
价格：108元/间

紫云山庄
新县城玉笥山林场
0796–3673899
价格：108元/间

以上价格仅供参考，以实际为准

美食推荐 CUISINE

龙下米粉、店头丝糖、麻糍、腌渍豆荚、杨梅酒等。

购物指南 SHOPPING GUIDE

工艺品、旅游纪念品：纪念蜡烛、玉笥山烫烙画葫芦。

当地知名、优质的土特产：蒿菜、 鱼、杨梅、米粉等。

龙下米粉

蒿菜

白水仙—泉江 风景名胜区

白水仙—泉江风景名胜区位于江西省西南边境，地处罗霄山脉南段东麓、井冈山山南的遂川县境内。整个风景名胜区由汤湖和白水仙两个景区以及泉江景点群组成，总面积30.66平方公里。

汤湖景区位于罗霄山脉南端的汤湖镇境内，主要由汤湖温泉和狗牯脑茶山构成。汤湖温泉古称大鄗泉，温泉水温始终保持在84℃，每昼夜流量约2050立方米，具有多种矿物质。《清同治龙泉县志》记载："大鄗泉有白气如沸可熟羊豕。"其自然泉有十数处，主要称"大汤湖"、"小汤湖"，泉周9个土墩，泉水顺坡而下，广传为"九龟下潭"。此外，驰名中外、被誉为"遂川三宝"之一的狗牯脑茶，即产于汤湖狗牯脑山。

白水仙景区位于碧洲镇南1.5公里处的白水村。据《清同治龙泉县志》记载："昔日女子三姐妹学道于岩，遇仙授以仙丹，白日飞升，后人立祠祀之，疾病风旱祈祷，辄岩上有三瀑布泉注射数十丈，若仙人缟衣而立，又云仙人显迹。"故白水仙由之得名。

泉江景点群主要集中在县城泉江镇，此外还涉及周边的枚江乡和雩田镇，主要风景资源有革命胜迹和历史遗迹。红色遗址主要有遂川县工农兵政府旧址、毛泽东旧居、遂川联席会议旧址、遂川县革命烈士纪念馆、遂川县革命烈士纪念碑等；其他旅游资源主要有虎潭陂、岳飞点兵台、雩溪宝塔、葛仙岩等。

管理机构：遂川县风景名胜区管理局
地址：遂川县泉江镇井冈山大道行政中心一楼
邮编：343900
电话：0796-6327288

汤湖茶山

MAP

汤湖风景名胜区导游图

泉江风景名胜区导游图 MAP

白水仙风景名胜区导游图 MAP

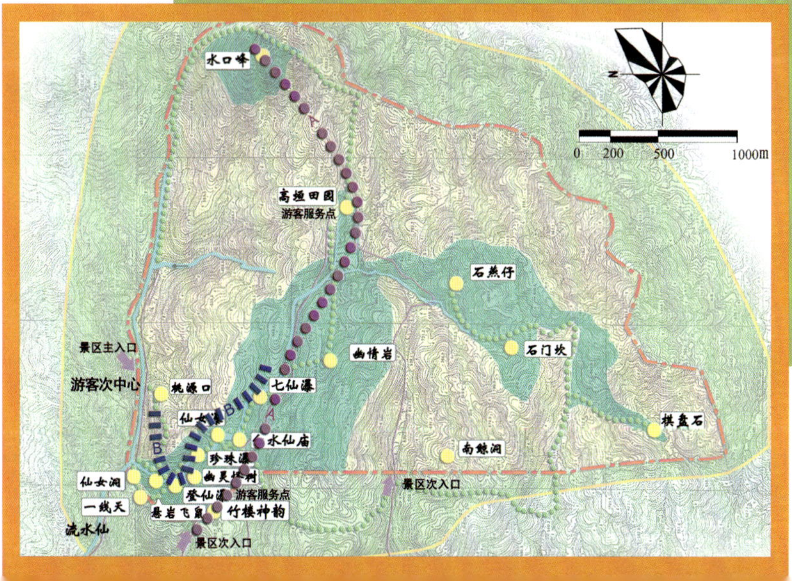

交通 出行宝典 TRANSPORTATION

吉安市交通便利，可乘飞机至离吉安不远的赣州市；也可先到达长沙机场，再转乘汽车到吉安。境内有自北向南纵贯的京九铁路、105国道和由东向西的319国道及“三南”公路，是连接北京、西南、华南、福建、港澳地区的天然纽带，并与地方公路交织成网。走京九线至吉安站下，再转乘汽车或长途汽车到达井冈山等各个景点，都是很方便的。

由赣州市内，沿宋城路行驶1公里，直行进入105国道，沿G105国道行驶56.7公里，右转，行驶90米，右前方转弯，行驶260米，过汤村收费站(遂川)，朝吉安方向，向左转进入汤村互通，沿汤村互通行驶620米，直行进入大广高速公路，沿大广高速公路行驶21.6公里，在遂川出入口，向右转进入遂川互通，沿遂川互通行驶1.7公里，朝碧州方向，向左转。

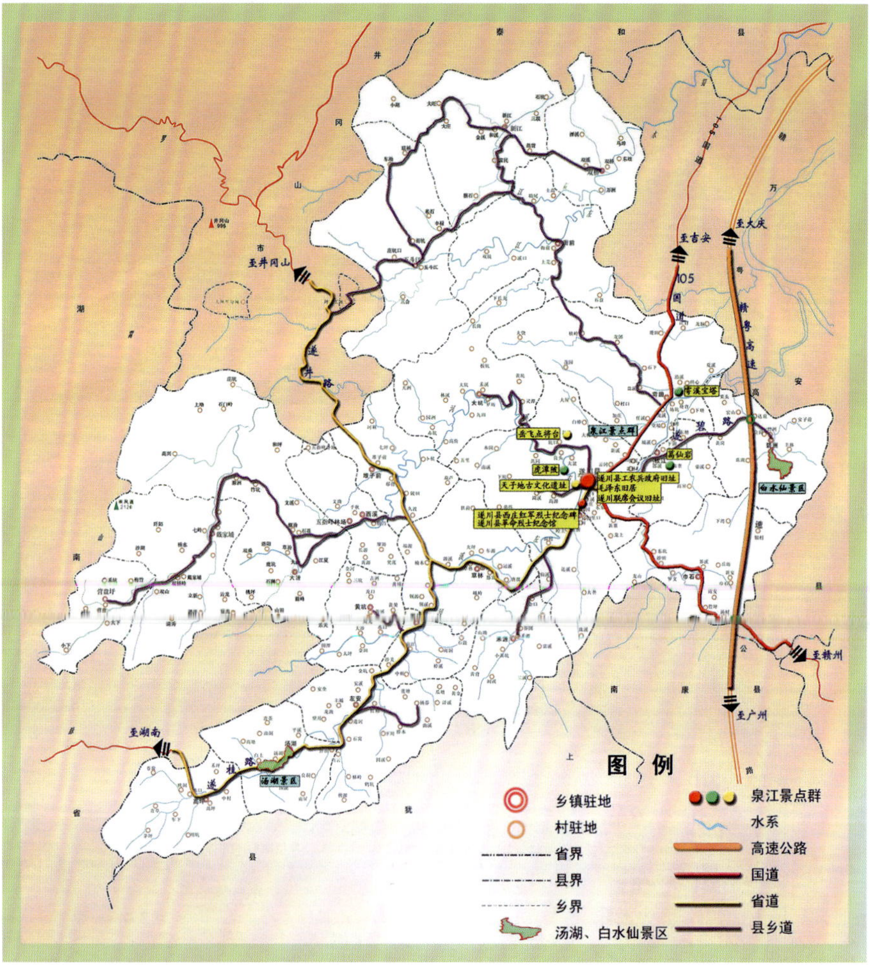

区域交通图

旅游服务 TRAVEL SERVICE

白水仙景区和汤湖景区均在景区大门旁设有游人中心，负责游客的接待和出售门票。白水仙景区门票价格为20元／人；汤湖景区门票旺季为88元／人；淡季为68元／人。

精品线路

茂林秀瀑游赏线

白水仙景区内设置沿途观赏水景的游赏线，主要景点：登仙瀑、珍珠瀑、仙女瀑、七仙瀑等。

茶园风光游赏线

汤湖景区内设置以茶园为载体的游赏线，主要景点：皇华仙、狗牯脑山、御茶园、观光茶园、邓通三郎等。

休闲度假游赏线

汤湖景区内以温泉、水库为载体设置休闲度假游赏线，主要景点：汤湖温泉、快乐岛、水上俱乐部等。

七仙瀑

狗牯脑山

精品线路

访古寻幽游赏线

泉江景点群内以遗址遗迹为载体设置游赏线，主要景点：虎潭陂、岳飞点兵台、葛仙岩、雩溪宝塔、天子地古文化遗址等。

雩溪宝塔

民俗风情游赏线

以汤湖景区内磺石角村为载体，开展磺石角客家文化、乡村风光为主题的游览项目。

田园野趣体验游线

白水仙景区内的居民都已移居他处，其村庄仍保存完好，规划以这些完整村落做载体设置田园野趣体验游线，主要景点：高垣田园、竹楼神韵、水口峰等。

红色教育游览线

将泉江景点群中的红色景点集中统一安排，设置红色教育游览线，主要景点：遂川县工农兵政府旧址、毛泽东旧居、遂川联席会议旧址、遂川县革命烈士纪念馆、西庄红军烈士纪念碑等。

工农兵政府旧址

白水仙—泉江四季 SEASON

白水仙—泉江属中亚热带湿润季风区，气候温和，雨量充沛，阳光充足，四季分明。年平均气温在15.1～18.1℃之间，年平均降水量1421.2毫米，年平均无霜期284天。

住宿 ACCOMMODATION

遂川宾馆（三星）

遂川县泉江镇工农兵大道

0796–6322635

龙泉大酒店（三星）

遂川县泉江镇龙川大道

0796–6128888

汤湖温泉宾馆（三星）

遂川县汤湖镇景区内

0796–6356266

鑫苑宾馆（二星）

遂川县泉江镇工农兵大道

0796–6318666

汤湖温泉宾馆

美食推荐 CUISINE

美食以当地客家风味为最，县内酒店餐馆都能点到。

购物指南 SHOPPING GUIDE

“金桔、板鸭、狗牯脑茶”被誉为“遂川三宝”。

麻姑山 风景名胜区

麻姑山，属江西省省级风景名胜区，位于“地气殊异，山川炳灵”的南城县西部，距县城4公里，距南昌市186公里，面积36平方公里，主峰海拔1176米。据《云笈七签》记载，麻姑山为三十六洞天之第二十八洞天，七十二福地之第十福地，洞天福地兼而有之，国内罕见。秦汉以来就是我国东南道教与避暑胜地。

麻姑山风景名胜区分为仙坛胜境景区、麻源三谷景区、丹霞福地景区、竹海松涛景区和醉仙湖景区。主要景观有：道教宫观仙都观、佛教净地碧涛庵、玉练双飞、龙门桥、神功泉、半山亭、锦溪、双龙湖、仙坛以及醉仙湖湖泊景观、丹霞地貌景观等。300米长的书法碑廊内，竖立有颜真卿的“天下第一楷书”《麻姑山仙坛记》碑，是我国书法史上的一块艺术瑰宝。这里还陈列着三十四个省、市、自治区以及新加坡、日本、泰国、美国、英国等的名家作品，真、草、隶、篆风格各异。

凭借峻秀奇丽的自然景观、道教宫观、佛教寺庵以及“沧海桑田”、“麻姑献寿”、“掷米成丹”等优美的神话传说，麻姑山名扬四海。

管理机构：麻姑山风景名胜区管理局
地址：南城县行政中心十楼
邮编：344700
电话（传真）：0794—7235186
邮箱：jxncly7235186@163.com

麻姑山醉仙湖

交通 出行宝典 TRANSPORTATION

位于县城西部的麻姑山，距县城建昌镇4公里。福银高速、济广（鹰瑞）高速、206国道、昌厦一级公路以及即将建成的向莆铁路均从麻姑山脚下穿境而过，交通十分便利。这里地理区位优势突出，距王安石、汤显祖故里——抚州58公里，距曾巩故里——南丰40公里，距省会南昌186公里，距鹰潭96公里，距龙虎山76公里，距龟峰108公里，距庐山280公里，距三清山260公里，距革命摇篮井冈山280公里，距红色故都瑞金198公里，距武夷山风景区260公里，距厦门634公里，距上海780公里。

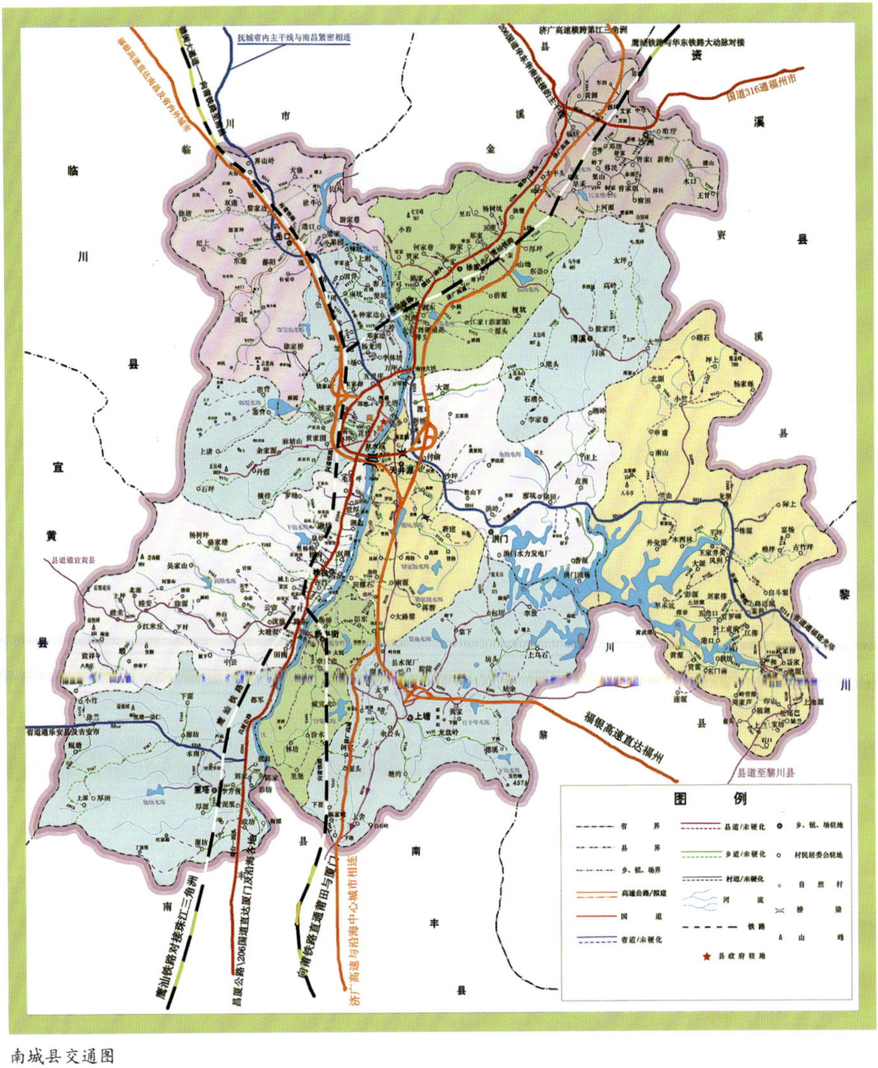

南城县交通图

精品线路 a

南城县城—麻姑山风景名胜区—祥岗山景区

精品线路 b

南城县城—万年桥（聚星塔）景点—醉仙湖景区—洪门益王墓葬遗址

玉练双飞

双虬挽手下瑶池——玉练双飞

属麻姑山自然风景，双瀑飞下，大、小成雌雄，喷沫百尺，雪浪千寻。春涨则狂泄，夏秋则清浅。

道教圣地——仙都观

仙都观始建于唐开元年间，历代几度重修，现存为1992年重建的。观内是占地面积1万余平方米的仿古建筑群。宋代李纲、文天祥两位丞相曾任仙都观主管。从宋真宗、仁宗到高宗，八代帝王对麻姑仙女及仙都观均有诰封，现被列为省级重点文物保护单位。

仙都观

佛教传播阵地——碧涛庵

碧涛庵是麻姑山上的一座古庵，建于清康熙六年（公元1667年）。它是在宋代工部尚书何异的“何氏山房”旧址上建造的庵堂，距今已有340多年。

碧涛庵

天下第一楷书——鲁公碑亭

唐大历六年（公元771年），大书法家颜真卿登游麻姑山，写下《麻姑山仙坛记》，这是我国书法史上的一块丰碑，是颜的书法代表作，被后人誉为“天下第一楷书”。

鲁公碑亭

垂玉亭

又名半山亭，始建于宋代，石柱木梁，因上山至仙坛到此路程约半，故名。1932年8月22日，毛泽东率红一军团部分官兵到此，时值正午，在亭内用餐。

麻源三谷

麻源三谷属丹霞地貌景区，形态各异的丹霞地貌引人入胜。现主要景观有老人峰、龟峰、合掌岩、华子冈、灵谷山、铜山、卷石岩等，于2004年7月被水利部批准为国家级水利风景区。

麻源三谷

赣东“千岛湖”——醉仙湖

醉仙湖（洪门水库）属江西省大型水库，位于南城县东部16公里处，相传古时有仙人醉酒于此，故而得名。其水域面积70余平方公里，总库容量12.16亿立方米，大小岛屿千余个，有赣东“千岛湖”之称。库内曾是西汉南城县治所在地，文化底蕴深厚；数万亩丹霞地貌，各具特色。附近既有1933年红军战场遗址，又有明代益藩王墓区，更有神秘莫测的圣地洪门，是集度假、休闲、观赏、娱乐为一体的旅游胜地。

醉仙湖丹霞地貌

益恭王墓望柱

南城为明代朱元璋后代益藩王的封地，益端王朱佑槟在南城筑王城，修建了占地20多万平方米的益王府，红墙绿瓦的宫殿式建筑有800余间。到明朝灭亡时，世袭了“七代八王”，共149年。王族墓地颇为壮观，雕刻精湛的望柱，显示着主人昔日的尊贵。其出土随葬文物3000余件，堪称稀世珍品，曾轰动世界，其中2000余件文物收藏在国家博物馆。

益恭王墓望柱

特色观赏和体验 UNIQUE SCENERY & FESTIVALS

醉仙湖观鸟

醉仙湖湖区气候宜人，冬暖夏凉，水鸟、候鸟种类繁多，风景秀美，是各种鸟类栖息繁衍的天堂。

醉仙湖——鸟的天堂

麻姑山四季 SEASON

南城县属亚热带季风湿润气候，四季分明，光照充足，全年无霜期约270天左右，年均降雨量约1705毫米左右。极端最高气温41.5℃，极端最低气温零下7.8℃，多年平均气温17.9℃。

住宿 ACCOMMODATION

法莱德国际大酒店（四星级）

南城县建昌南大道1号

前台预订 0794—736666

中餐预订 0794—739999

价格：319～1999元/间

商城宾馆（三星）

南城县交通路199号

预订 0794－7266888、7266999

传真 0794－7266066

价格:178.00元/间

宏鑫大酒店（准三星）

南城县建昌大道2号

0794—7222222

价格:168元/间

南城宾馆

南城县盱江大道

0794—7232888

价格:108元/间

以上价格仅供参考，以实际为准

美食推荐 CUISINE

麻姑米粉、醉仙湖醉鱼。

购物指南 SHOPPING GUIDE

工艺品

以“麻姑献寿”为主题的系列瓷器。

土特产

麻姑茶、麻姑酒、麻姑米、麻姑米粉、淮山食品、洪门鸡蛋、醉仙湖醉鱼。

陶瓷“麻姑献寿”

麻姑酒

麻姑米

淮山食品

醉仙湖醉鱼

杨岐山 风景名胜区

杨岐山风景名胜区位于被誉为“中国鞭炮烟花之乡”、“中国民间艺术之乡”、“中国现代民间绘画之乡”的江西省上栗县中部，1995年，杨岐山风景名胜区被列为省级风景名胜区。规划面积约为30.94平方公里。主峰张口岭是全境最高点，海拔947.6米。

杨岐山景区是萍乡市提出打造的“红（安源）、绿（武功山）、古（杨岐山）”三张旅游名片之一。景区主要由杨岐普通寺、孽龙洞、凤鸣湖三大景区组成，山清水秀，人杰地灵，气候宜人，人文景观和文物资源丰富，以完好的自然生态、历史悠久的禅宗古刹、奇绝的岩溶景观为特征，以宗教文化、休闲度假、岩溶探访、科普教育为主要功能。整个风景区有景点24个，其中杨岐普通寺景区11个，孽龙洞景区9个，凤鸣湖景区4个；景物景源60处。

杨岐山

交通 出行宝典 TRANSPORTATION

（一）区外交通

杨岐山南至萍乡市25公里，北至庐山约400公里，东至南昌280公里，西至长沙100公里。境内交通便捷、通信发达，浙赣铁路、沪昆高速公路靠近景区，319国道纵贯南北，长（沙）南（昌）公路和沪瑞高速分别横贯东西，320国道和湘赣铁路擦境而过。

（二）区内交通

风景区内主要公路有横东线、观孽线、杨关线、南杨线4条，其中横东线、观孽线、杨关线为县道，南杨线为旅游公路。

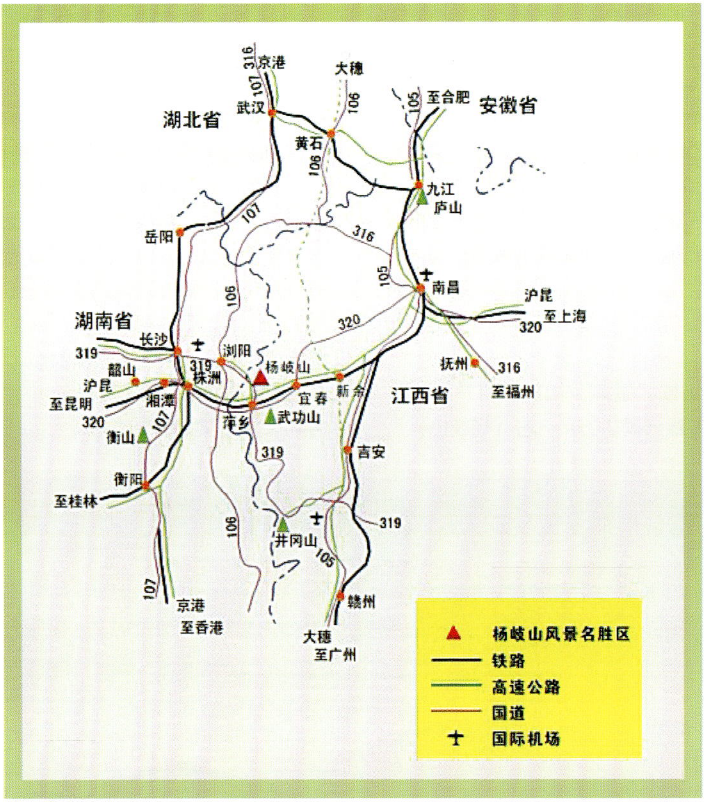

区域交通图

风景区内部交通一览表

线路名称	起讫点	境内里程（公里）	宽度（米）	路面类型	等级
横东线	横下－东源	3	5	水泥	县道
观孽线	观丰—孽龙洞	7.5	5	水泥	县道
杨关线	关下—杨岐	6	6	水泥	县道
南杨线	南源—杨岐	6.3	6	水泥	乡道

旅游服务 TRAVEL SERVICE

游人中心：杨岐山孽龙洞景区

游客咨询：0799–3681236（总机）、0799–3611080（孽龙洞景区）

门票价格：目前杨岐山景区范围内只有孽龙洞景区是收费景区，成人票价为40元/人，学生票30元/人，团体票20元/人。

层峦叠翠——杨岐山

古称翁陵山、漉山，位于上栗县杨岐乡，为武夷山余脉，呈东北—西南走向，总面积30.94平方公里，主峰海拔947.6米。相传战国时期的著名哲学家杨朱到此，因山大路杂，面临歧途，迷失方向，凄怆泪下，后人因此而将此山命名为杨岐山。杨岐山层峦叠翠，山势嵯峨，四时秀色，气候宜人，素有“二十四景”涌泉池、千丘田、观音崖、老虎洞、乌龟洞、前沽塘、后沽塘、仙鱼塘、寒婆岩、张口狮子崖、关门石、杨岐石窟、金瓶晒果、猴子扒石、斗牛石、铁笼吴虎、小天池、三岛湖、山顶泉、方竹林、棋盘石、别有洞天、子午泉、案山关之称。林间 “方竹”、“观音竹”、“实心竹”、“墨竹”，称为杨岐四“竹”，其中方竹为杨岐一绝，竹竿四方有棱，四季生笋，多处移栽不活，唯在此生长。此外，还有美轮美奂的杨岐观日、杨岐云海、玉树银峰等天然景观。

岩溶奇观——孽龙洞

景区自然和人文资源丰富，主要有孽龙洞、四十八窝、洗剑泉、渔鼓筒、万竹园、棚民起义根据地（射箭场、跑马坪、舍身崖、隐朱洞）、鸳鸯湖、鸳鸯洞、八仙岭、怪石岭、孽龙山、仙人下棋、海螺公园、虾米洞、猴子爬石、冷水塘、万寿宫、三宝树（宋柏、黄连木、古樟）、白马庙。孽龙洞是形成于1亿8千万年前的天然溶洞，4200余米的自然景观及地下河，蜿蜒曲折，溪水相伴，水随洞转，洞因水活。平坦处溪水静如玉带飘荡，断层处跌落成瀑，飞瀑声如春雷滚滚，岩缝中不时有清泉涌出，其声如铃似琴。洞中岩景独特，钟乳石甚是发育，有的如玉雕，有的像刺绣，似人似兽，若物若影，惟妙惟肖。洞内厅廊相连，最大的洞厅高达30余米，可容纳近千人，最窄处则需侧身而过。石笋、石花、石幔玲珑剔透，千姿百态，兼静赏动观之妙。

孽龙洞

禅宗古刹——普通寺

普通寺景区是杨岐山的核心景区，规划面积4.95平方公里。这里是我国佛教禅宗五家七宗临济宗下一大支派——杨岐宗祖庭，始建于唐天宝十二年（公元753年），迄今有1200多年历史。建筑风格古朴，构造独特，凸显禅宗文化理念。杨岐宗，如今其法脉流传广泛，影响深远，仅在日本、韩国的信徒就达200万。唐碑、唐塔、唐柏，镇寺“三宝”，为省级文物保护单位，堪称国宝。

普通寺

唐塔

唐碑：唐碑有两块，一块是唐代大诗人刘禹锡为杨岐寺乘广禅师撰写的碑文，由刘禹锡篆刻，建于唐公元807年；另一块是《甄叔禅师塔铭》，唐大和元年（公元827年）建，沙门至闲撰文，僧元幽书写。前者为刘禹锡的得意之作，后者书法如行云流水，均属江西省重点文物保护单位，为不可多得的艺术珍品。清道光十七年(公元1837年)，住持将两块塔铭分别镶嵌在杨岐寺内前殿正门左右墙上。

唐塔：唐塔有两座，一座是乘广禅师塔，位于普通寺的右侧，高2.35米，呈八角形，由花岗岩石垒成，塔身浮雕古朴雄浑，具有古代建筑风格。甄叔禅师塔在杨岐寺左侧，高1.78米，宽0.88米，形似方亭，又称油盐塔。两塔已列入江西省重点文物保护单位。

唐柏：普通寺后有一株唐柏，名“倒栽柏”，传说为甄叔手植，故又称“甄叔柏”。此树高31米，围7米，直径2.33米。传说此柏是和尚施法栽活的，因此叫“倒栽柏”。此树虽经千年风霜雨雪，仍然苍劲挺拔，枝繁叶茂，生机盎然。

唐柏

秀湖碧水——凤鸣湖

主要景观有凤鸣湖、凤鸣桥、山岩祠、新坝民俗村等。距离上栗县城5公里，也称新坝水库。建于1958年，紧依杨岐山，水库库容387万立方米。碧绿的湖面如绿宝石镶嵌在青山之间，湖岸曲折，汊港众多，湖中小岛郁郁葱葱，山光水影，碧波清幽，美不胜收。湖中央有3座四季青绿小岛，湖畔还有奇山异石的庙泉山，湖光山色，风景迷人，可垂钓、划船、游泳，是休闲度假的胜地。

凤鸣湖

杨岐山四季 SEASON

杨岐山景区属亚热带季风性湿润气候，四季分明，雨量充沛，光照充足。

住宿 ACCOMMODATION

风景区目前主要修建了孽龙洞的游览设施和部分服务设施。所在县区有宾馆、公寓、旅行社、购物中心等。

序号	名称	联系电话
1	神州旅行社	0799–3681366
2	顺达旅行社	0799–3666699
3	东方红大酒店	0799–3666250
4	食为天大酒店	0799–3662111
5	上栗饭店	
6	渔家乐	0799–3688399
7	林子大酒店	0799–3688699
8	潇湘食府	0799–3682111
9	金鑫宾馆	0799–3682988
10	五星宾馆	0799–3661266
11	天龙宾馆	0799–7056899
12	明珠宾馆	0799–3866888

购物指南 SHOPPING GUIDE

萍乡傩历史悠久，种类繁多，流传广泛。民间有“五里一将军，十里一傩神”之说，傩庙、傩舞、傩面具被专家们誉为“三宝”。杨岐山景区所在的上栗县被文化部、江西省人民政府授予“中国傩艺术之乡”、“傩文化之乡”称号。上栗传统烟花制作技艺为江西省非物质文化遗产。当地土特产还有：金佛手、百合、茶树菇、无铅咸皮蛋、杨岐火腿、中华杜仲茶、银杏茶、山枣糕等。

玉壶山 风景名胜区

玉壶山风景名胜区是1995年江西省人民政府审定公布的第一批省级风景名胜区之一。景区主要是以玉壶山、垂花岩、石廊洞、砻山口、神泉湖五个景区和莲花一支枪纪念馆、花塘官厅（列宁学校）、莲花革命烈士纪念馆三个独立景点为主要景源内涵而共同构成，总面积51.24平方公里。玉壶山中心景区以溶洞、奇峰、异石、秘洞、云海等景观为主；垂花岩景区以仙岩、灵寺、桃源景观为主；石廊洞景区以溶洞和田园风光为主；砻山口景区以绿色景观为主，有大乐坪林场的人工林片；神泉湖景区以库湖景观为主。莲花一支枪纪念馆是毛泽东召开莲花县地方党组织负责人会议旧址，是莲花一支枪展示之地，是毛泽东引兵井冈山决策之地；花塘官厅是中共湘赣一大、湘赣省苏维埃一大会议旧址，是清末两代帝师朱益藩旧居。

《太平寰记》、《江西通志》、《庐陵府志》、《永新县志》、《安福县志》、《莲花厅志》等大量古籍文献对山中胜景、仙迹、名人传说有详细记载。古往今来，玉壶山吸引了众多骚人墨客探幽揽胜，留下大量诗文辞赋。唐开元名相姚崇，晚唐宰相牛僧儒、道家名士杨筠松，宋相周必大、刘沆、文天祥，元代高僧、诗人释惟则，明理学、文学家刘元卿，明大旅行家徐霞客，清帝师朱益藩等名人先后游历或隐居于此。山上有元阳观、法藏寺、文峰塔、焕文阁等道、佛、儒文化遗址；有洗墨池、三相台、刘元卿诗碑等文人墨迹；有元阳洞、蕊珠洞、石廊洞、玉壶洞、凌烟洞等自然景观。

管理机构：玉壶山风景名胜区管理局
地址：莲花县文丰路2号
邮编：337100
电话：0799-7221067
邮箱：lianhuaxianlyj@sina.co

玉壶山

玉壶山风景名胜区导游图

MAP

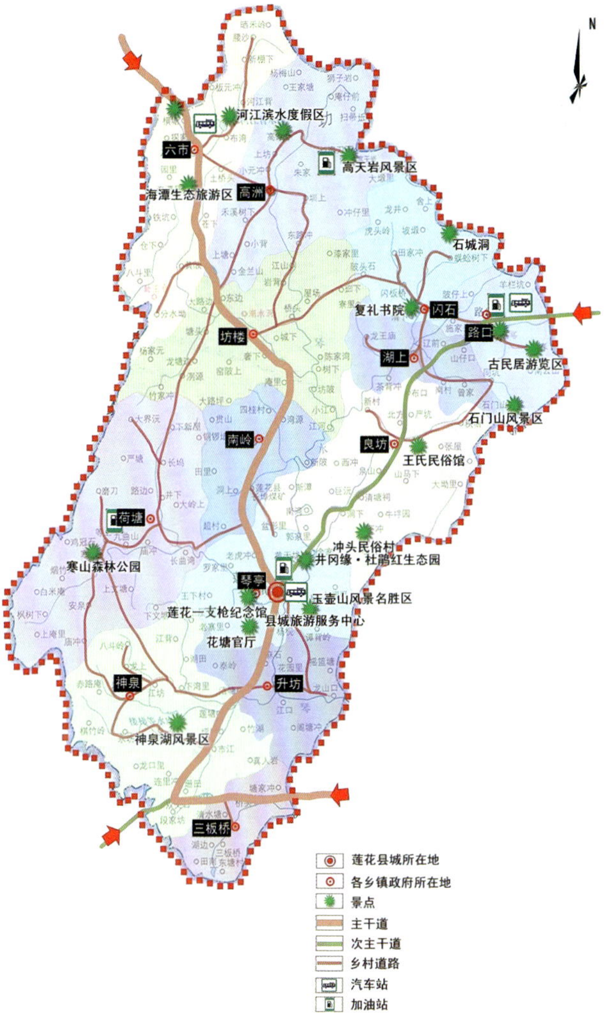

交通 出行宝典 TRANSPORTATION

莲花县地处湘赣边界，319国道和泉南高速公路贯通全县境，南与105、106、107国道及京珠、赣粤高速相接，北与320国道相接。县城东距井冈山机场80公里，距南昌昌北机场330公里，距长沙黄花机场200公里；南距永新文竹火车站20公里，西距湖南茶陵火车站65公里，北距萍乡火车站70公里。

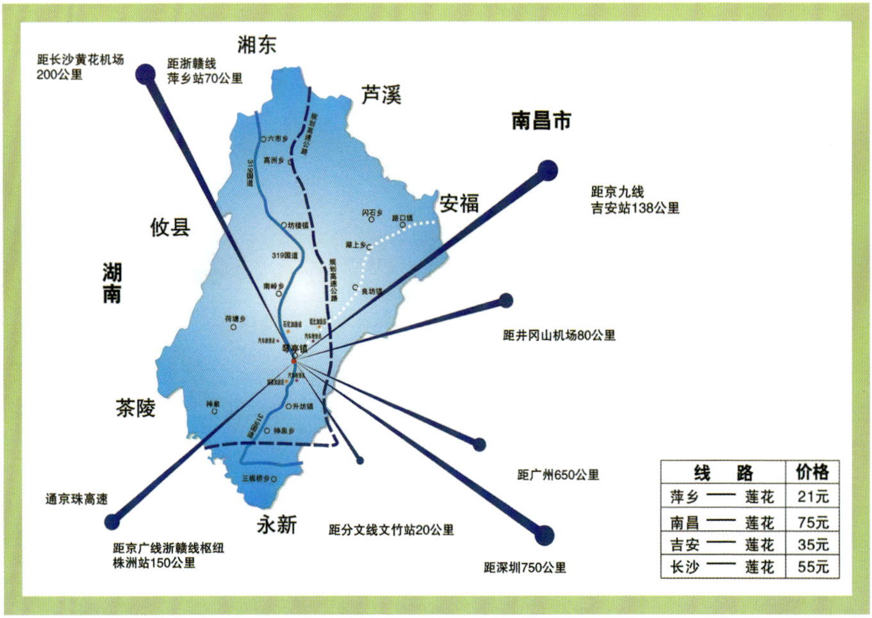

线　路	价格
萍乡 —— 莲花	21元
南昌 —— 莲花	75元
吉安 —— 莲花	35元
长沙 —— 莲花	55元

区域交通图

旅游服务 TRAVEL SERVICE

游客中心

地址：莲花县琴亭镇

查询、咨询 0799—7221067

医疗救助：莲花县人民医院 0799—7221320

精品线路

红色游线路：琴亭—花塘官厅—莲花一支枪纪念馆—革命烈士纪念堂—将军园—琴亭镇

宗教人文游：琴亭—元阳洞—法藏寺—蕊珠洞—玉壶山仙—垂花灵岩—琴亭

生态休闲游：琴亭—玉壶山中心景区—井冈缘生态园—神泉湖

玉壶山

玉壶山山峰绵延数十里，山势雄奇峻拔，峰峦叠翠，是以峰、石、瀑、洞、云、林兼胜，且以雄、奇、险、秀、幽著称的一座名山。山上有元阳观、法藏寺、文峰塔、焕文阁等道、佛、儒文化遗址，有姚崇洗墨池、晚唐道家名士杨筠松铁笔诗、刘元卿诗碑等人文景观。玉壶山动植物资源丰富，既是科考、野营、教学的重要场所，又是旅游观光、避暑度假的理想胜地。

法藏寺

花塘官厅（列宁学校）

花塘官厅位于莲花县琴亭镇，第二次国内革命战争时期，是中共湘赣省委、省苏维埃政府的诞生地，中共湘赣苏维埃政府一大会议在此召开。彭德怀、王震、萧克、王首道、陈毅、项英、曾山等一大批共和国高级将领在这里战斗过，后又为“列宁学校”。官厅现存1986年时任中共中央总书记胡耀邦同志为其亲笔所题的“列宁学校”牌匾。

将军园

将军园坐落在玉壶山中心景区，是名闻全国的农民将军甘祖昌的安息之地，园中山清水秀，风光旖旎。游人既能缅怀先烈，瞻仰前辈，又可欣赏景色，陶醉其中。

莲花一支枪纪念馆

莲花一支枪纪念馆位于莲花县城，是展示我国赣西古代建筑艺术及第二次国内革命战争时期莲花县光荣历史的专题纪念馆。馆内珍藏着许多极具革命历史价值的史料。一是中国工农红军引兵井冈山决策地，毛泽东是在这所馆内决策上井冈山的。二是毛泽东同志在《井冈山的斗争》一书中高度评价的“莲花一支枪”，这支枪为莲花武装斗争不断壮大及井冈山革命斗争立下了汗马功劳。

莲花一支枪纪念馆

莲花革命烈士纪念堂

馆内陈列着该县大革命时期被敌人用惨无人道手段百般折磨的数千名革命先烈的英雄事迹。同时，还陈列了莲花县13位共和国将军的生平简介、丰功伟绩。是瞻仰先烈、教育后人的一个重要红色旅游景点。

井冈缘 · 杜鹃红生态园

生态园位于莲花县城东南郊的琴亭镇杨枧村，距县城约2公里，占地面积165.06公顷，“一心连六区”，即：接待服务中心，高科技示范区，阳光康体区，亲水风情区，休闲度假区，科普启智区和远期周边发展区。

神泉湖

神泉湖水面面积达1230亩。四周青山环绕，林木葱茏，空气十分清新，素有“天然氧吧”美称。水随山形转，岛在水中游，如新月镶嵌。景区风光旖旎，气候宜人，是水上垂钓、游乐、商务会议、户外烧烤的理想去处。

玉壶山四季 SEASON

莲花县属中亚热带季风气候，气候温和，雨量充沛，光照充足，结冰期短，无霜期长；春秋季短，冬夏季长，四季分明。历年平均气温17.5℃。

穿衣提示：

莲花县气候相对温和，无极冷或极热现象，穿衣随一般四季变化即可。

住宿 ACCOMMODATION

赣星世纪大酒店

0799–723000

莲花宾馆

0799–7212999

九重天商务酒店

0799–7221111

台莲宾馆

0799–7227373

新华宾馆

0799–7226057

美食推荐 CUISINE

莲花血鸭： 莲花血鸭油光红亮，肉嫩骨软，微辣鲜香，醇香独特，久负盛名，是江西省非物质文化遗产。

莲花血鸭

购物指南 SHOPPING GUIDE

杜鹃红醇酒、江南中蜂（野蜂）蜂蜜、江西绣品。

杜鹃红醇酒

南崖—清水岩风景名胜区

南崖—清水岩风景名胜区位于江西省修水县，为江西省级风景名胜区。由修河峡谷、南崖、东岭石林、清水岩溶洞群、仙姑湖等呈带状分布的景群构成，共有100多处景物景观。修河两岸峰峦夹峙，植被茂密，山花烂漫，江水清澈宁静，缓缓流淌，如同一幅秀美隽永的《峡江图》。沿途著名的双井访茶、石矶钓月、草径闲鹭、十里秀水、旌阳野渡、云岩晓钟、渔舟唱晚和抱子望归，被誉为“修江八景”。

耸立于县城江畔的南崖，花木扶疏，亭楼勾连，傍水而坐，风景天成，人文荟萃，绝壁耸立，古木参天。西坡一翠亭高踞修河大桥南端之侧，倚亭俯瞰，车水马龙，行人如织。沿小径上冠云亭，城郊全景尽收眼底。夜游山顶，则见万家灯火，一派银光。临江绝壁上有乡贤黄庭坚手书的“佛”字，丈余见方，历经千年风雨侵蚀，雄健笔力依然可见。南崖人工建筑始营于宋，历代多次修葺，现已辟为黄庭坚纪念馆。

南崖—清水岩风景名胜区集山水、石林、溶洞、湖泊、人文于一体。民间流传着许多美好的神话和传说，历代文人墨客留下许多诗词墨宝、石刻碑文。各景区顺路傍水，自然成线，奇观胜景比比皆是。这里气候宜人，山清水秀，岩石奇特，洞府幽深，千亩湖面，烟波浩渺，身入其境，如入画图，似为仙家，使人流连忘返。

东岭桃花

交通 出行宝典 TRANSPORTATION

修水县位于江西省西北部修河上游，隶属九江市，居幕阜山脉和九岭山脉之间，是三省（湘、鄂、赣）九县（江西武宁县、靖安县、奉新县、宜丰县、铜鼓县，湖南平江县，湖北通城县、通山县、崇阳县）的交界处和三个省会城市（长沙、武汉、南昌）的中心点，自然地理形成众星拱月之势。景区至南昌、长沙、武汉、九江等城市只有200余公里。

南崖

远在宋朝时南崖就被称为“修江第一仙山”。南崖东侧的云岩寺被称为“修江第一禅林”。南崖上建于明朝的“溪山自在楼”，现为宋朝诗人、大书法家黄庭坚的纪念馆，陈列着历史文物和数以百计的广场书碑刻。

黄庭坚纪念馆

为江西省十大名人纪念馆之一，江西省重点文物保护单位，为纪念黄庭坚而建。1982年7月开始筹建，1985年11月建成开馆。已故原全国政协副主席、原中国佛教协会会长、著名书法家赵朴初先生题写馆名。黄庭坚纪念馆既是专题馆，又是修水县历史博物馆，馆藏丰富，文物、标本3000余件。其中，黄庭坚撰文并书的王文叔墓志铭、徐纯中墓志铭、立体浮雕山水田黄石印、八大山人鱼雀图、陈三立书法立轴、陈师曾绢本画“梅”“兰”等藏品更是弥足珍贵。馆内有门楼、溪山自在楼、山谷祠、九曲回廊、澄秋阁、顺济亭、冠云亭、一翠亭、濂山书院、观景亭、黄庭坚书法碑廊等多处独具地方特色的仿古建筑，有石门、藏龙洞、荔枝崖、钓矶、摩崖题“佛”等名迹。

南崖外景

濂山书院

溪山自在楼

仙姑湖

仙姑湖是建成于1972年的红旗水库，蓄水面积有1310亩。湖区四面环山，港湾甚多。湖水清澈透明，群山倒映在碧蓝的湖水之中，风景如画。是供人们垂钓、游泳、划船、赏景的好去处。

清水岩溶洞

清水岩溶洞群分为清水岩南洞和北洞、龙崖洞、燕崖洞、老虎洞。南洞、北洞有先人摩崖石刻8处，其中有宋代著名理学家周敦颐题名石刻两处。

修河峡谷

路依山势，山随水转，一路青山翠绿，河水清澈，有旌阳山、神石脑、磨滩、梅岭、抱子石等景点。

抱子石

东岭石林

景区面积2.5平方公里，有牌坊石、岗上、水井埚、老虎橱、仰天橱、阚家岩6个景点，呈弯月形分布。

东岭石林

南崖—清水岩四季 SEASON

修水县地处中纬度，属亚热带湿润季风气候。受地貌形态影响，形成复杂多变、差异甚大的垂直山地气候。长年日照偏少，云雾偏多，温差悬殊。雨量充沛，但时空分布不匀。春秋短，夏冬长。

美食推荐 CUISINE

哨子：修水哨子是修水县一种历史悠久而富有特色的美味食品。凡到修水的人无不想美餐一顿哨子，而好客的修水人常以哨子作为佳肴来礼待自己的客人。只要是亲口尝过哨子的人，无不为其皮嫩、馅香、爽口而称赞不已。

艾米果：修水艾米果形状如表面光滑的小笼包，色泽翠绿，闻之清香，食之柔软，韧而不腻，还有温肺暖脾、散气降湿、防病保健之功能。

哨子

艾米果

购物指南 SHOPPING GUIDE

主要特产有宁红保健茶、楠木梳、赭砚和幕阜山系列山珍。

大茅山 风景名胜区

德兴市大茅山风景名胜区，坐落在德兴市中部，地处三清山、龙虎山、景德镇围合的地理中心位置。规划总面积为154.09平方公里，由大茅山景区、笔架山景区（原梧风洞）、四角坪景区、双溪湖景区组成。大茅山与三清山东西并峙，是怀玉山脉又一高峰，其主峰海拔为1391.4米，古有“千峰倚空碧，万嶂碍于云”之赞，为德兴古六景之一。大茅山风景名胜区有秀谷碧水，溪流蜿蜒的谷瀑景观；有幽深静谧，林深幽静的森林景观；有变幻莫测，云海雾涛的天象景观；有雄浑险峻，天生奇绝的峰林景观；还有奇岩怪石，形神兼备的岩石景观；更有古迹胜地，源远流长的人文景观。其资源特色可概括为深山峡谷与碧潭串珠的溪流，形成了江南罕见的“九寨沟”风光。

大茅山是泉潭瀑与森林生态景观完美结合的典范。花岗岩峡谷形成的河谷景观、雨水侵蚀形成的花岗岩壶穴景观（潭）与森林生态景观完美结合，形成了林幽潭静瀑美的具有极高美学价值的自然美景。

大茅山具有浓厚的红色文化底蕴，是弘扬赣东北革命根据地精神的教育基地。大茅山还拥有历史悠久的宗教文化，是该地区著名的佛教圣地。现有白云庵、香息庵、脚庵庙等。

大茅山风景名胜区风景资源类型多，资源特色鲜明，这种以奇绝的峡谷潭瀑景观、罕见的原生生态环境、典型的花岗岩峰峦地貌、悠久的历史文化为主要特色的风景名胜区具有十分突出的典型性、稀有性和垄断性，为国内其他风景名胜区所罕见。

管理机构：德兴市大茅山风景名胜区管理委员会

地址：德兴市绕二镇

邮编：334200

电话（传真）：0793-7818128

邮箱：dmsfj666@163.com

http://www.dxdms.com

龙脊腾云

大茅山风景名胜区导游图

MAP

笔架山景区一日游主要景点

点将台　红军纪念亭　黄家瀑布　仙女潭　忍者圣龟　犀牛石　苦丁茶王

一线天　神龟望月　乌风大王　观云台　海豚石　石堡迷宫

原始森林　红军洞　三叠石　银河飞瀑

天鹅湖　兰竹园　天然石雕园等

仙女潭　银河飞瀑　黄家瀑布

交通 出行宝典 TRANSPORTATION

沪、苏、锡、常的游客可直接沿沪宁高速至句容道口下，到达句容市区，沿句茅旅游专线至茅山镇。南京方向的游客，沿沪宁高速到汤山道口下或到句容市道口下，到达句容市区，沿句茅旅游专线至茅山镇，全程约65公里。

区域交通图

笔架山景区

笔架山位于大茅山双溪水库（长乐河）流域的上游，景区面积11.04平方公里。以奇岩怪石、碧潭清溪和革命遗迹为主要特色；以避暑度假、会议休闲、寻幽探胜为主要游览内容。

七彩湖

神龟望月

马溪水

索桥

大茅山景区

景区面积14.08平方公里，以人文史迹和拔萃秀峰为主要特色，以欣赏奇峰林海、登高揽胜和宗教游览为主要游览内容。

大茅山景区——云海

双溪湖景区

围绕双溪湖两侧300米范围内，以湖边峡谷为界，景区面积13.30平方公里，以湖光山色为主要特色，以开展水上游览、水利工程参观为主要游赏内容。

双溪湖全景

四角坪景区

四角坪——对对石

四角坪——恐龙出山

住宿 ACCOMMODATION

梧风洞宾馆

笔架山景区

德兴大酒店

滨河大道1号

0793-7586666

美食推荐 CUISINE

发糕、乌佬果、清明果。

洞山 风景名胜区

洞山风景名胜区位于赣西北宜春市宜丰县，是以佛教禅宗朝觐礼佛为主，集生态、名人、古村旅游观光和科教启智为一体的省级风景名胜区。风景名胜区规划范围80.21平方公里（其中核心区面积为23.09平方公里），由洞山、黄檗山、五峰山、天子山4个主要景区以及官山、南屏山、陶渊明故里、渊明湖、天宝古村5个独立景点组成。2004年10月25日经省政府批准列为省级风景名胜区，2008年12月10日批准为国家AA级旅游景区。

洞山风景名胜区以中国佛教禅宗临济宗和曹洞宗两宗发祥地而蜚声海内外。从唐代至清代，建有数百座寺庙，1000多座僧释墓塔。这些寺庙和墓塔千姿百态，奇异非凡，别具特色，是不可多得的历史文化遗产和建筑艺术珍品。

如今在日本和韩国有“曹洞宗”和“临济宗”寺庙21000多个，信徒1000多万众。近年来，每年都有大批日韩宗教团体以及东南亚信徒前往洞山、黄檗山朝圣拜祖。

管理机构：洞山风景名胜区管理局

地址：宜丰县行政中心731室

邮编：336300

电话（传真）：0795-2765828

邮箱：yftravel@163.com

洞山塔林

MAP

洞山风景名胜区导游图

交通 出行宝典 TRANSPORTATION

洞山距宜春火车站、长途汽车站90公里，距南昌火车站、长途汽车站130公里，距南昌昌北机场160公里。

宜丰至洞山：县城—敖桥—大桥—槽上—洞山，全程21公里，客车票8元/人，车程40分钟。

宜丰至天子山：县城—芳溪—车上—天子山，全程33公里，客车票6元/人，车程55分钟左右。

宜丰至黄檗山：县城—芳溪—车上—洞上—小洞—黄檗山，全程56公里，暂无专线旅游客车。乘出租车约150元/趟，车程80分钟左右。

宜丰至五峰山：县城—芳溪—车上—黄岗—坳溪—汪溪—五峰山，全程53公里，暂无专线旅游客车。乘出租车约170元/趟，车程100分钟左右。

旅游服务 TRAVEL SERVICE

门票价格

洞山：20元/人；官山：50元/人；天宝古村：20元/人；黄檗山景区、五峰山景区免费参观

洞山

洞山以中国禅宗五宗之一的曹洞宗发祥地而闻名中外。唐大中十三年（公元859年），著名高僧良价在此睹影悟道并创寺讲法，与弟子曹山本寂一起，共同创立了曹洞宗，从而使此宗广传天下，并成为日本、朝鲜及东南亚国家的禅宗主流。如今，日、韩有曹洞宗信徒1000多万人。洞山也被中外信徒尊为曹洞宗祖庭，良价及其佛塔被奉为祖师、祖塔，被佛教界视为圣地。

主要景观：

画壁、憩佛石、红米埚佛塔林、逢渠桥、木鱼石、夜合山、夜合山塔林、普利禅寺、价祖塔、中韩曹洞宗法脉源流碑。

夜合灵迹

黄檗山

黄檗山坐落在宜丰县黄岗乡黄檗村，该山为宜丰、万载、铜鼓三县交界山，距县城48公里。海拔590～700米，主峰仙姑岽海拔1404米，是中国佛教禅宗五宗之一临济宗的发祥地，希运禅师是临济宗开山祖师。黄檗山不仅以临济宗祖庭而闻名海内外，其茶、竹、瀑、泉也名闻天下。黄檗禅茶，被誉为“中州绝品”。

主要景观：

千年龟石、希运墓塔、皇叔塔、千僧塔、黄檗禅寺、虎跑泉、亦苇岸禅师塔、千年迎客松、黄檗龙潭瀑布、仙姑坛。

五峰山

五峰山坐落在宜丰县黄岗乡汪溪村，海拔355～640米，距县城50公里。五峰山的净觉禅寺始建于南朝宋永初年间（公元420～422年），是江西最早的寺院（今仅存遗址），迄今已有近1600年的历史。唐代大书法家柳公权曾为其书寺额。五峰山峰奇林茂，古迹荟萃，云蒸雾绕，蔚为壮观。

主要景观：

常观禅师塔、煦杲照禅师塔、南宋撷雪桥、观音石摩崖、卓锡泉摩崖、南宋摩崖石刻卧佛、双龙瀑布。

天子山

天子山坐落在宜丰县车上林场车上分场，海拔150～473米，距县城33公里。天子山西邻官山国家级自然保护区，北靠五峰山禅林，东与临济祖庭黄檗山相连，宛如一道翠屏，点缀在港口平川。天堂岭、松涛坡相拥着鼓沉坪和郁兰坳，俨然扶手屹立左右，使整个山形形如太岁椅。长塍河如玉带从山前而过，萝卜寨九条山岭正对山前纵向排列，犹如九龙朝圣。山中峦林层层，古树参天，瀑布飞溅，猴鹿共鸣，鹭燕齐翔，景色优美。“高树鸟啼青嶂里，半山泉响白云中”是该景区的真实写照。

主要景观：

天子山古城寺遗址、开山和尚方融禅师塔、海珠禅师塔、水斗槽瀑布、南园湖、白鹭岛、港口老街、天子山炮台、书经台、长寿泉、天子山茶苑、港口大战旧址等30余处自然、人文历史景观。

洞山四季 SEASON

洞山属中亚热带温暖湿润区，具有四季分明、冷暖适宜、雨量充沛、光照充足、气候温和、无霜期长等特点。年平均气温17.1℃，年平均降雨量1760毫米。景区均在山上，所以气温比山下略低，夏天可休闲避暑，冬天需适当加衣，注意保暖。

住宿 ACCOMMODATION

粮贸宾馆（三星级）
0795–2750000

桃花源大酒店（三星级）
0795–2759999

洞山酒家（三星级农家旅馆）
0795–2916038

桃源山庄（三星级农家旅馆）
0795–2789388

美食推荐 CUISINE

豆腐乳、松肉、农家鱼、五香鸡、雪压柳、烧麦、油炸鸡蛋糕、米豆腐、黄连麻糍。

购物指南 SHOPPING GUIDE

根艺产品、精制豆腐乳、莼菜、蜂蜜、葛粉、金钱菇、猕猴桃果脯、手工米粉、笋尖、糖醋姜、小竹笋、野生茶油、野生云耳、柚子片等。

图书在版编目(CIP)数据

中国风景名胜区游览手册⑦ 江西省/中国风景名胜区协会编著. —北京：中国建筑工业出版社，2012.12
ISBN 978-7-112-14879-0

Ⅰ.①中… Ⅱ.①中… Ⅲ.①风景区—江西省—手册 ②名胜古迹—江西省—手册 Ⅳ.①K928.7-62

中国版本图书馆CIP数据核字(2012)第275078号

责任编辑：郑淮兵 杜一鸣
责任校对：姜小莲 刘 钰

中国风景名胜区游览手册⑦
江西省
中国风景名胜区协会 编著
*
中国建筑工业出版社出版、发行（北京西郊百万庄）
各地新华书店、建筑书店经销
北京方舟正佳图文设计有限公司制版
北京画中画印刷有限公司印刷
*
开本：880×1230毫米 1/32 印张：6⅝ 字数：188千字
2013年2月第一版 2013年2月第一次印刷
定价：45.00元
ISBN 978-7-112-14879-0
(22931)